陳福成著

陳福成著作全編

第五十五冊　梁又平事件後

文史哲出版社印行

國家圖書館出版品預行編目資料

陳福成著作全編 / 陳福成著. -- 初版. --臺北
市：文史哲,民 104.08
頁： 公分
ISBN 978-986-314-266-9（全套：平裝）

848.6 104013035

陳福成著作全編

第五十五冊 梁又平事件後

著　　者：陳　福　成
出 版 者：文 史 哲 出 版 社
http://www.lapen.com.tw
登記證字號：行政院新聞局版臺業字五三三七號
發 行 人：彭　正　雄
發 行 所：文 史 哲 出 版 社
印 刷 者：文 史 哲 出 版 社
臺北市羅斯福路一段七十二巷四號
郵政劃撥帳號：一六一八〇一七五
電話886-2-23511028 · 傳真886-2-23965656

全 80 冊定價新臺幣 36,800 元

二〇一五年（民一〇四）八月初版

ISBN 978-986-314-266-9 08981

陳福成著作全編總目

總序：陳福成的一部文史哲政兵千秋事業

陳福成先生，祖籍四川成都，一九五二年出生在台灣省台中縣。筆名古晟、藍天、司馬千、鄉下人等，皈依法名：本肇居士。一生除軍職外，以絕大多數時間投入寫作，範圍包括詩歌、小說、政治（兩岸關係、國際關係）、歷史、文化、宗教、哲學、兵學（國防、軍事、戰爭、兵法），及教育部審定之大學、專科（三專、五專）、高中（職）等各級學校國防通識（軍訓課本）十二冊。以上總計近百部著作，目前尚未出版者尚約二十部。

我的戶籍資料上寫著祖籍四川成都，小時候也在軍眷長大，初中畢業（民57年6月），投考陸軍官校預備班十三期，三年後（民60）直升陸軍官校正期班四十四期，民國六十四年八月畢業，隨即分發野戰部隊服役，到民國八十三年四月轉台灣大學軍訓教官。到民國八十八年二月，我以台大夜間部（兼文學院）主任教官退休（伍），進入全職寫作高峰期。

我年青時代也曾好奇問老爸：「我們家到底有沒有家譜？」

他說：「當然有。」他肯定說，停一下又說：「三十八年逃命都來不及了，現在有個鬼啦！」

兩岸開放前他老人家就走了，開放後經很多連繫和尋找，真的連鬼都沒有了，茫茫無垠的「四川北門」，早已人事全非了。

但我的母系家譜卻很清楚，母親陳蕊是台中縣龍井鄉人。她的先祖其實來台不算太久，按家譜記載，到我陳福成才不過第五代，大陸原籍福建省泉州府同安縣六都施盤鄉馬巷。

第一代祖陳添丁、妣黃媽名申氏。從原籍移居台灣島台中州大甲郡龍井庄龍目井字水裡社三十六番地，移台時間不詳。陳添丁生於清道光二十年（庚子，一八四〇年）六月十二日，卒於民國四年（一九一五年），葬於水裡社共同墓地，坐北向南，他有二個兒子，長子昌，次子標。

第二代祖陳昌（我外曾祖父），生於清同治五年（丙寅，一八六六年）九月十四日，卒於民國廿六年（昭和十二年）四月二十二日，葬在水裡社共同墓地，坐東南向西北。陳昌娶蔡匏，育有四子，長子平、次子豬、三子波、四子萬芳。

第三代祖陳平（我外祖父），生於清光緒十七年（辛卯，一八九一年）九月二十五日，卒於（年略記）二月十三日。陳平娶彭宜（我外祖母），生光緒二十二年（丙申，一八九六年）六月十二日，卒於民國五十六年十二月十六日。他們育有一子五女，長子陳火，長女陳變、次女陳燕、三女陳蕊、四女陳品、五女陳鶯。

以上到我母親陳蕊是第四代，到筆者陳福成是第五代，與我同是第五代的表兄弟姊妹共三十二人，目前大約半數仍在就職中，半數已退休。

寫作是我一輩子的興趣，一個職業軍人怎會變成以寫作為一生志業，在我的幾本著作都詳述（如《迷航記》、《台大教官興衰錄》、《五十不惑》等」。我從軍校大學時代開始寫，從台大主任教官退休後，全力排除無謂應酬，更全力全心的寫（不含為教育部編著的大學、高中職《國防通識》十餘冊）。我把《陳福成著作全編》略為分類暨編目如下：

壹、兩岸關係

①《決戰閏八月》②《防衛大台灣》③《解開兩岸十大弔詭》④《大陸政策與兩岸關係》。

貳、國家安全

⑤《國家安全與情治機關的弔詭》⑥《國家安全與戰略關係》⑦《國家安全論壇》。

參、中國學四部曲

⑧《中國歷代戰爭新詮》⑨《中國近代黨派發展研究新詮》⑩《中國政治思想新詮》⑪《中國四大兵法家新詮：孫子、吳起、孫臏、孔明》。

肆、歷史、人類、文化、宗教、會黨

⑫《神劍與屠刀》⑬《中國神譜》⑭《天帝教的中華文化意涵》⑮《奴婢妾匪到革命家之路：復興廣播電台謝雪紅訪講錄》⑯《洪門、青幫與哥老會研究》。

伍、詩〈現代詩、傳統詩〉、文學

⑰《幻夢花開一江山》⑱《赤縣行腳・神州心旅》⑲《「外公」與「外婆」的詩》、⑳《尋找一座山》㉑《春秋記實》㉒《性情世界》㉓《春秋詩選》㉔《八方風雲性情世界》㉕《古晟的誕生》㉖《把腳印典藏在雲端》㉗《從魯迅文學醫人魂救國魂說起》㉘《60後詩雜記詩集》。

陸、現代詩（詩人、詩社）研究

㉙《三月詩會研究》㉚《我們的春秋大業：三月詩會二十年別集》㉛《中國當代平民詩人王學忠》㉜《讀詩稗記》㉝《嚴謹與浪漫之間》㉞《一信詩學研究：解剖一隻九頭詩鵠》㉟《囚徒》㊱《胡爾泰現代詩臆說》㊲王學忠籲天詩錄。

柒、春秋典型人物研究、遊記

㊳《山西芮城劉焦智「鳳梅人」報研究》㊴《在「鳳梅人」小橋上》㊵《我所知道的孫大公》㊶《孫大公思想主張手稿》㊷《金秋六人行》㊸《漸凍勇士陳宏》。

捌、小說、翻譯小說

㊹《迷情・奇謀・輪迴》㊺《愛倫坡恐怖推理小說》。

玖、散文、論文、雜記、詩遊記、人生小品

㊻《一個軍校生的台大閒情》㊼《古道・秋風・瘦筆》㊽《頓悟學習》㊾《春秋正義》㊿《公主與王子的夢幻》(51)《迴游的鮭魚》(52)《男人和女人的情話真話》(53)《台灣邊陲之美》(54)《最自在的彩霞》(55)《梁又平事件後》。

拾、回憶錄體

(56)《五十不惑》(57)《我的革命檔案》

(58)《台大教官興衰錄》(59)《迷航記》(60)《最後一代書寫的身影》(61)《我這輩子幹了什麼好事》(62)《那些年我們是這樣寫情書的》(63)《那些年我們是這樣談戀愛的》

(64)《台灣大學退休人員聯誼會第九屆理事長記實》。

拾壹、兵學、戰爭

(65)《孫子實戰經驗研究》(66)《第四波戰爭開山鼻祖賓拉登》。

拾貳、政治研究

67《政治學方法論概說》68《西洋政治思想概述》69《中國全民民主統一會北京行》70《尋找理想國：中國式民主政治研究要綱》。

拾參、中國命運、喚醒國魂

71《大浩劫後：日本311天譴說》、《日本問題的終極處理》72《台大逸仙學會》。

拾肆、地方誌、地區研究

73《台北公館台大地區考古・導覽》74《台中開發史》75《台北的前世今生》76《台北公館地區開發史》。

拾伍、其他

77《英文單字研究》78《與君賞玩天地寬》（別人評論）79《非常傳銷學》80《新領導與管理實務》。

我這樣的分類並非很確定，如《謝雪紅訪講錄》，是人物誌，但也是政治，更是歷史，說的更白，是兩岸永恆不變又難分難解的「本質性」問題。

以上這些作品大約可以概括在「中國學」範圍，如我在每本書扉頁所述，以「生長在台灣的中國人為榮」，以創作、鑽研「中國學」，貢獻所能和所學為自我實現的途徑，以宣揚中國春秋大義、中華文化和促進中國和平統一為今生志業，直到生命結束。我這樣的人生，似乎滿懷「文天祥、岳飛式的血性」。

抗戰時期，胡宗南將軍曾主持陸軍官校第七分校（在王曲），校中有兩幅對聯，一是「升官發財請走別路、貪生怕死莫入此門」，二是「鐵肩擔主義、血手寫文章」。前聯原在廣州黃埔，後聯乃胡將軍胸懷，「鐵肩擔主義」我沒機會，但「血手寫文章」的

「血性」俱在我各類著作詩文中。

人生無常，我到六十三歲之年，以對自己人生進行「總清算」的心態出版這套書。

回首前塵，我的人生大致分成兩個「生死」階段，第一個階段是「理想走向毀滅」，年齡從十五歲進軍校到四十三歲，離開野戰部隊前往台灣大學任職中校教官。第二個階段是「毀滅到救贖」，四十三歲以後的寫作人生。

「理想到毀滅」，我的人生全面瓦解、變質，險些遭到軍法審判，就算軍法不判我，我也幾乎要「自我毀滅」；而「毀滅到救贖」是到台大才得到的「新生命」，我積極寫作是從台大開始的，我常說「台大是我啟蒙的道場」有原因的。均可見《五十不惑》、《迷航記》等書。

我從年青立志要當一個「偉大的軍人」，為國家復興、統一做出貢獻，為中華民族的繁榮綿延盡個人最大之力，卻才起步就「死」在起跑點上，這是個人的悲劇和不智，正好也給讀者一個警示。人生絕不能在起跑點就走入「死巷」，切記！切記！讀者以我為鑑！在軍人以外的文學、史政有這套書的出版，也算是對國家民族社會有點貢獻，對自己的人生有了交待，這致少也算「起死回生」了！

順要一說的，我全部的著作都放棄個人著作權，成為兩岸中國人的共同文化財，而台北的文史哲出版有優先使用權和發行權。

這套書能順利出版，最大的功臣是我老友，文史哲出版社負責人彭正雄先生和他的夥伴們。彭先生對中華文化的傳播，對兩岸文化交流都有崇高的使命感，向他和夥伴致上最高謝意。

台北公館蟾蜍山萬盛草堂主人　陳福成　誌於二〇一四年五月榮獲第五十五屆中國文藝獎章文學創作獎前夕

自序：作家寫來寫去寫什麼？

——寫出自己的天命

真誠是身爲詩人、作家的第一要件，必須是自己所思、所想、所經驗、所親身觀察、感覺到的，才能寫出好作品。這當然是境界問題，不容易的。

幾十年前，就有一位大作家，大詩人告訴我說：「老弟！作家寫來寫去就是寫自己的身邊事，自己所見所聞所思，這才是最有感覺的，有感覺才能寫得好！」

幾十年過去了！我也寫了一輩子。但以民國八十三年來到台灣大學後的二十年，寫的最勤、最專。檢視這二十年來，自己寫了啥東東，果然如前輩作家所述，不過是自己一些身邊事。埋頭勤寫了二十年，不知代價！也不知成本！竟在二〇一四年的「五四文藝節」，全國文藝作家、詩人的慶祝表揚大會，頒給我一座文藝創作獎章。在我年過六十之際，反省自己竟虛度、鬼混了一輩子，這座國家文藝獎章，或許也得點心裡安慰吧！

包括這本《梁又平事件後》，都不過是作家碰到的身邊事。但這個事件不能說「放下」，就真的唏哩呼嚕「放下」了，我須有所得。此事，傷害了我，卻也給我教訓、給我啓示、給我反思、給我動力，讓我想要從佛法中得到改進，得到從更深層看探人性的「視界」。思索人生的弔詭和困境，找尋上昇的出口。

我不願意自己「六十歲仍像五十歲的樣子」，乃至不願意「六十一歲也和六十歲一個樣」，也不甘心於四十三歲以前的懵懂、墮落和虛度，那些人生的黃金歲月，竟九成全都浪費了。我一定要補回來，追回來，我知道我比別人晚了四十年，我的時間不多，來日也不多了！

於是，我徹底節約所有可用的時間，除了上班（我在台大夜間部、白天有很多時間）以外，集中可用時間放在寫作，民國八十八年二月我提前申請退休（伍），當一個專業的自由作家。

我也徹底排除那些無謂的應酬，我的時間太寶貴了，比很多人至少「少了二十年可用」。因此，我不去窮聊八卦、不去唱歌跳舞、不去吃飯交際，只和極少數很真誠的朋友、同學往來。爲了要把這輩子該完成的寫作計劃，儘早在我健康狀態良好之前全部完工。

我從年青時代始終有一個信念，一定要經營出一片亮麗的天空，讓自己的人生有一個交待。萬萬沒想到，四十三歲之前不智的我，竟走了一條「自我毀滅」的路（詳見《迷航記》一書）。幸好，毀滅之前意外來到台灣大學，神奇的「明心見性」了，頓悟出成爲作家的天命。

從四十三歲來到台大，當一個專業作家，到這本《梁又平事件後》，正好是第八十本（含爲幼獅、龍騰、全華出版社寫的大學、專科、高中、高職國防通識課本，超過了一百本，這些不包含在《陳福成全集》內。）

《陳福成全集》是個大苦果，犧牲其他各方面所換得。人生不能白做工，不能白來一趟，凡走過必有一定的意義，不論是我的全集或這本，希望對有緣人，以後的人有用、有所啓示。（台北公館蟾蜍山萬盛草堂主人　陳福成二〇一四年十月誌。）

第二版序：迴響、論辯與再反思

作家針對一個「事件」，進行有系統的感想書寫，通常指歷史上的「重大事件」，如「高雄暴力事件」、「九一八事件」、「九一一事件」等。投入心力深入研究、正反論辯或身歷其境的回憶。

但「梁又平事件」是個「事件」嗎？或說可以稱為「重大事件」嗎？凡此，在第一版出版後，在我的小圈圈「寡眾粉絲團」引起小小迴響，有各種不同看法（詳見第二版補篇）。我的詮釋是，在世間法的範圍內，大小都是相對的，如人和山比，人很小而山很大；山和地球比，山很小而地球很大，依此類推。「九一一事件」對我是小事，對美國人是天大的事；「梁又平事件」對我是大事，對任何人都是小事。是發生在我身上的大事，能不寫乎？

《梁又平事件後》出版後，在小眾圈內有小小的迴響，各種迴響促成再論辯、再反思，我也將心態攤在陽光下，好不好？對不對？恆久的公開接受檢驗、批評、辯論，真理遲早會彰顯。（台北公館蟾蜍山萬盛草堂主人　陳福成　二〇一四年十二月誌）

梁又平事件後

——佛法對治風暴的沈思與學習

目 次

①2014 年「五四文藝節」，從天上掉下一座文藝創作獎給我，我有一點受寵若驚。以下①～⑦，都在頒獎現場（三軍軍官俱樂部勝利廳），2014 年 5 月 4 日。

②左起：作家蘭觀生、台大退休主任教官楊長基、作者、女詩人徐菊珍小姐。感謝蘭兄來幫忙照相。

③頒獎，一座文學獎頒給我這老榮民，深感意外。

④在會場外文友贈花處留影。

⑤俊歌師兄（右）來觀禮和照相，謝謝俊歌幫忙提供很多照片

⑥本書作者（左）與頒獎人（正中）和其他得獎者合照。

⑦文友來觀禮，左是作家蘭觀生、右是女詩人徐菊珍小姐

左起：師兄吳信義、大師兄涂安都（我在 43 砲指部當營長時的指揮官）、本書作者。2012，佛光山佛學夏令營。

與師兄吳信義（左）在溪頭大學池，2010.4.22。

2014 年 5 月 22 日，「台大千歲宴」欣賞肚皮舞表演，左起：教聯會理事長游若篍教授、職工會理事長楊華洲先生、校長楊泮池教授、退聯會理事長陳福成（本書作者）。

主持台大退休人員聯誼會年度大會後，和歷屆理事長、部份會員合照。2013.12.3，在台大校本部第一會議室。

60 壽辰，妹妹和他們家人為我祝壽，2012 年，台中。

我抱這三個都是金乁，他們都叫我舅公。

上圖：本書作者夫妻二人，和我兩個妹妹及他們兒孫輩。

左圖：二〇一四年三月「台大杜鵑花節」，在校門口當志工，小女佳莉特來看老爸。

溫馨同學會中，一個小型風暴颳來

陸軍官校44期同學會召開第12屆北區大會，民國一〇二年十二月二十二日，在台北「儷宴會館」順利舉行完畢，我因會中當選監事，很快的就在一〇三年元月九日在春天悅灣舉行第一次理監事會。

對於本期同學會、活動，長期以來我並不熱中，甚至可以說很疏離的。我只在「福心會」（原「微型會」）這樣小圈圈中，有一點使命感，圈圈小，但大家玩的愉快，玩的自在，沒有一堆閒言閒語。

即然當了監事就得參加理監事會議，元月九日，我白天先在佛光山台北道場（在松山）也有會議，下午四點多結束趕捷運到竹圍，準備參加晚上的同學會理監事會。快六點到春天悅灣會長家中，多數理監事同學都到了，會長夫人忙著招呼大家，準備多樣美食、水果，熱情款待同學和夫人們。

我因多數同學不熟，幾十年也未碰到一次面，名字也叫不出來了，三十幾年未見過面，長相也變了。我想要找一份「理監事名單」，正好看到總幹事梁又平在場，我趨前問他：「有沒有理監事名單？給我一份，如果你有，也給大家一份。」

我話才說完，他突然像一顆炸彈般爆開，衝著我來，我完全沒有心理準備，同學會不是很溫馨的場合嗎？他個子比我高出一個頭，破口大聲就說：「要什麼東西？你知道嗎？我總幹事很忙，我有工作，還一天到晚給你準備這、準備那，我是該給你們嗎？什麼該不該！你們只想找我要東西，一天到晚要這要那，我總幹事活該嗎……」聲如巨雷。

他像一管機關槍，不分清紅皂白對我掃射，我本想安慰他，不要衝動，我因反應不過來，他掃射完，我終於反應過來說：「總幹事確實辛苦……」我才一開口，他好像子彈射完，換個彈匣向我逼近。快要貼到我前胸，又開始掃射：「你也知道總幹事辛苦嗎？還有誰知道我辛苦，我白天要工作，還要替你們跑這跑那！你們就光會要東西！怎麼！我是該給你們嗎？我活該嗎？活該給你們隨時準備，你們就隨時來要嗎？……」他聲音更大。

他聲音越來越大，在一個小客廳中，從小颱風變成強颱。客廳裡坐著同學和夫人們，他們看著、看著，李金島同學過來解圍，他對著總幹事梁又平說：「好了！好了！沒事嘛！」梁又平見有人介入，音量更大聲：「我當總幹事很忙，我也有我的工作要做，一天到晚還要應付你們，你們光會要這要那，我活該給你們嗎？我活該嗎？我應該嗎？該不該？……」

李金島同學再次安撫說：「好了！好了！大家都是好同學，沒事！」梁總幹事才轉頭離去，我則鬆了一口氣，至今我尚未感謝李金島同學來解圍，下回碰到一定要當面謝謝他。

這天的晚餐我毫無味口，無聊的吃著便當，阿妙準備一大鍋上好雞湯我提不起勁去吃一口。想不通六十歲的人了，爲什麼還有這麼大的脾氣？難到毫無自覺，這樣的語言暴力多麼傷人，對同學會已夠疏離了，現在更疏離。

一連好幾個晚上，「梁又平事件」一直在我腦海浮浮潛潛，揮之不去，好像一排子彈又射過去：「你們有誰知道我當總事多辛苦、多忙，我也有自己的工作，你們光會找我要東西，要這要那，我活該給你們嗎？我應該、我活該嗎？……」

語言暴力揮不去的幾個晚上，甚至還做了惡夢，軍旅生涯的那一場災難、那一波未了又一波的痛苦一一浮現眼前，夢到當逃官快要面臨軍法審判那年，指揮官（羅縱或杜金榮）慈悲未法辦我，但營連長可饒不了我。啊！軍旅的災難，到台灣大學漸漸撫平傷口，自信心才回來，人生才有了方向。怎麼現在又碰上了？？？

我知道，真實世界是無常的，走在路上也許碰到一個瘋子對你咆哮，你心驚膽跳快速走開。但也有躲不掉的意外，無常隨時要來，誰也不知道！隨時有口水變洪水，對著你淹過來，就像這起總幹事小型風暴，瞬間起風，對你颳來，讓你受傷，要怎樣撫平傷口？不知道！放下、忘掉，高僧大德如是說。

幾年前我誠實的請教一個法師，我問：「軍旅數十年，我身心受到嚴重傷害，要療傷，是掩蓋好還是攤開受傷的地方，讓太陽晒？」法師：「掩蓋不好，開放、攤開會比較好！」但像總幹事這種傷害，我要怎樣療傷！等下回到佛光山，我一定要再請教法師，是否把受傷的心拿出來晒太陽！

感謝李金島同學出面解困局

——那微笑，原來是佛法

那突如其來的咆哮、語言之劍，對著毫無防備的我，一陣無厘頭的衝爆，很久很久，那音爆在我心中、腦海中，陣陣迴音，有時從漣漪慢慢擴大：「你以為我當同學會總幹事每天閒著嗎？沒事嗎？無聊嗎？告訴你們，我有工作，不是每天光為你們準備這！準備那！等著你們來要，你要什麼？我就該給什麼？我該嗎？總幹事那麼好幹嗎？……？？？…」

已經過了多少天了？揮不去的惡夢！有時就如睡夢中突然驚醒，那咆哮之聲在心中衝撞。唯一感到安慰是李金島同學出面解圍，才把困局終結。明天會長宴請大家，一定要記著當面向他道謝。

李金島從預備班時代我和他也熟，他人高馬大，雖然沒有玩在一起，也從未有私下的聯誼交往，但他給我的印象、感覺，極爲美好而特別。

我不知如何形容他的美好！他臉上永遠掛著燦爛的笑容，不論何時何地，我每次見到他，他都笑容滿面，主動向人打招呼，給人很愉快、客氣的感受。他這樣的好，從我預備班認識，至今始終保持這種好，這種好是人生中一種美感，這部份我不如他！要向他學的。

我說特別，是在那種環境和年紀，高頭大馬的人通常會欺侮弱小（其實這是生物界的常態），大多如是，於是才有拉幫結派，自成許多小圈圈、小團體、相互取暖，以策安全。但我看李金島，他大約有一九〇公分，比我多出三十公分，他對弱小個子同學反而特別客氣，我從未看他對任何人大聲咆哮，都是客客氣氣，面帶笑容，一個人能保有這種特質，真的就是一種「珍寶」，這是我活到六十幾歲才說的出來的話，早幾年可能也不知所以。

這些年來較常接觸佛法，讓我有更多領悟和反省。我至少有兩次以上聽師父星雲大師他老人家說過一件事，多年前有一信徒要出家，連續三次參加，各項條件都通過，都在最後一關由大師親自面試沒有通過。

那位信徒很不服氣，私底下找到大師，想要了解原因問：「大師！我這麼差嗎？三次面試都不過關。」

星雲大師說：「你其他條件都不錯，但三次面試我沒看你有一絲笑容，你甚至從來不笑嗎？要知道，人間佛教是要走入大衆，給人歡喜、給人信心、給人方便，所謂未成佛道，先結人緣，你的臉上看不出歡喜心，要怎樣給人歡喜？」

那位信徒心服口服的回去了，想必他回去後定有一番改進和反省，他的人生一定會出現重大「質變」，或許另有更大作爲。

以前年輕不懂，很多事情像在黑暗中摸索，必到中年才領悟出一些道理，真是「先天不足、後天不良」。原來，李金島同學臉上那燦爛笑容正是佛法，那天來解我困局的，正是佛，感謝李同學！感謝佛！（寫於103.2.12）

在一個風暴中修行：梁又平事件後之一

「梁又平事件」後，許久我心中仍難平靜，我看勵志書、回想偉人說過的話，找尋可以「放下」的途徑，我想到耶穌在《聖經》也說：「有人打你左臉頰，你應該再把右臉頰讓他打一下，以消他的氣！」

這是何等的氣度？何等偉大的仁德？我能不能學耶穌？……又過數日，仍是「放不下」，因為我不是耶穌！就算基督徒，不知幾人能做到？但我知道狂熱的基督徒「執著」的更可怕。我有朋友的親人，信了基督教，回家把祖先像、神主牌等燒了，還「壓」著媽媽要到教會受洗，開口閉口都是亞伯拉罕、耶穌如何如何！再無孔子孟子在心中。這樣的家人、祖先不要了！國家民族也不要了！能指望他們多仁德！多慈悲！又多不和人計較嗎？

左思右想，或許我師父星雲大師有解藥，能讓我放下，立刻到書櫃找、找、找…找到一本師父說偈和故事的書，我看過又忘了。打開書隨意翻到一首詩，第一句簡直就在講「梁又平事件」：

若人打罵不還報，於嫌恨人心不恨；
於瞋人中心常淨，見人為惡自不作。
——《彌沙塞羯磨本》

太好了！師父在說些什麼？「若人打罵不還報」，有人打你，罵你不要用相同方式回報對方，即要打不還手、罵不還口。師父說這叫「忍辱」修行，爲何？若人打你，你也回罵；人家打你一拳，你也甩他一巴掌，這樣兩者不過半斤八兩，你沒有什麼了不起，你沒長進。

若你要有所長進，要比他人層次高，想成爲出類拔萃的上人，就必須做到不同於一般人，若人打罵不還報！接著「於嫌恨人心不恨」，世間人千百樣，有的你喜歡，有的讓人討厭，叫人嫌恨不喜歡，這確是，怎麼辦？

師父說對於讓人嫌恨的人，先從口頭練習，不令對方難堪，不說對方壞話。接著從態度上，不要顯露出嫌恨情緒，也表示自己有風度。最後從心理對他不嫌恨，也就包容了對方。你便有了長進，層次也提高了！「於瞋人中心常淨」，也是同樣的練習過程，能保內心清淨，不隨人打罵起舞！

「見人爲惡自不作」，也是前述情境下的自我勉勵。看到別人做壞爲惡，動不動就要罵人者，不可同他一般見識，自己內心要有定力，要有自我價值的堅持，時時警示自示，你就有不一樣的境界。

師父最後結論說：「諸惡莫作，眾善奉行，自淨其意，是諸佛教」。相信自己，堅持自己做一個「上人」，你的修行就是不一樣的境界。

在一個風暴中修行：梁又平事件後之二

從年青時代以來，學校的師長、朋友、同學、大師、高僧大德……無數的「智者」，總常在勉勵人要「不見人過」，我也常這樣自勉。

自勉了一輩子。有用嗎？或許有，但事到臨頭，顯得用處不大！仔細思索這輩子碰到和你有過緣會的人，有誰真能做到「不見人過」？是必須完全做到，身口意全做到，想來想去，沒有，就是沒有，硬是沒有；若有，或許也只有佛、耶穌或阿拉吧！

但現在爲撫平梁又平事件在我心中掀起不大不小的漣漪，找到師父星雲大師的作品中找靈藥，我翻、我看、我讀，有心無心的翻著書頁，赫然，一個顯著的標題找上我的眼睛：〈不見人過〉。

師父以前也講過「不見人過」的修行，我怎麼走出教室就忘得一乾二淨，真不是個好學生。現在重讀一回，看師父怎麼解說，師父先引一首偈：

不見他非我是，自然上敬下恭；
佛法時時現前，煩惱塵塵解脫。
——《緇門警訓》

師父說「不見他非我是」，是爲人處事重要的修行，叫我們不要老是計較別人不對，這個人不好，那個人不對，只有自己最好最對，那真的就完了！反之，也不要太過於誇稱自己的好，人的毛病在自誇、自大！

可惜世人大多太執著，太對別人吹毛求疵，而看不見自己的錯，乃至自己在性格上出現重大問題還不自覺，就很可悲了！所以師父說只要做到「不見他非我是」，人與人之間就「自然上敬下恭」了。

「佛法時時現前」，就是心中時時有佛法，佛法在生活中，佛法在人我關係中。許多人以爲佛法多麼深不可測，廣不可知，其實不是，就在我們生活中。如常發心布施，就會廣結善緣，布施錢財、布施一個微笑，傳揚佛道是最上等布施。

又如懂得持戒律己，遵守倫理規範，就能守道上進，慢慢的層次境界高了，就是受人尊敬的上人；事事忍辱，就有力量，至少也能減少煩雜干擾，內心平靜；修習禪定，能安住身心；具足智慧，內心清楚明白，洞知宇宙萬物基本原理、真相，這都是佛法，在每個人的生活中。懂得這些道理，能力行實踐，就「煩惱塵塵解脫」，任何時候，人生就處於身心自在狀態中，你就是「觀自在菩薩」了。

啊！原來是如此，以前聽過又忘了。佛法也常說「未成龍象先做衆生馬牛」、「未成佛道、先結人緣」。這些，都要從「不見人過」開始，師父這麼說，當弟子怎能不這樣做？下回看到梁又平，若不看他，即能不見他過吧！

人要做到「不見人過」，真是一種天大的難題，天高的境界，如《金剛經》說：「無我相、無人相」的修行，大概可以了。所以，有我、無我間，說不完的學問。《六祖壇經》曰：「禮本折慢幢，頭奚不著地，有我罪即生，亡功福無比。」

可以見的，「有我」會生出種種罪，生出種種執著和煩惱。故須「無我相、無人相」，才能做到百分百的不見人過，看樣子得修幾輩子。

在一個風暴中修行：梁又平事件後之三

梁又平事件後有一段時間了，我零零星星看了師父一些作品，大概也算「放下」了！但我却突然有一個想法，不能太快放下他，一定要好好利用他，印證師父所說的一些道理。

這天，晚上不晚，窗外明淨的月亮，是個讀書的好時機，順手拿起師父講話的資料，這回拿的是《人間福報》「星雲說偈」剪報冊，又隨清風翻書，「棄捨惡法」標題找上我。師父也先引一首詩偈：

莫於他邊見過失，勿說他人是與非；
不著他家淨活命，諸所惡言當棄捨。

——《發覺淨心經》

這首偈和不見人過都是處理人我關係之妙理，「莫於他邊見過失」，是不見人過，對一個人的評價，不能只論一時，不論永久；不能只論一邊，不論全面。以梁又平事件爲例，一時如瘋狗亂吠，長久以來當總幹事服務同學也是有功。就算功過相抵，也還功大於過。

所以，要論人過失，要先思考前因後果，想想關係得失，且帶著體諒的心去看這個過失。這是較難的，通常說人過失，講人是非者，怎可能有體諒的心！

「勿說他人是與非」是很多人的大難題，因爲做不到，好像長嘴的目的就是要說人是非。幸好，我很早養成不說人是非、不轉是非的好習慣，在台大當教官時，黑白兩道常到我辦公室說對方壞話，我只聽不傳。

「不著他家淨活命」，不要執著於那家做了什麼生意！清淨不清淨！好不好；也不要執著於那個人做了什麼事，要不要向他學！各人有各人的環境，各自爲生存而努力，不一定每個人都能學。

「諸所惡言當棄捨」，假使有人罵你、謗你，你不聽，也不隨之起舞，就如別送人禮，你不接受，這禮物還是回到他身上。佛經《四十二章經》第八章：

> 佛言，惡人害賢者，猶仰天而唾，唾不至天，還從己墮。逆風揚塵，塵不至彼，還坌己身，賢不可毀，禍必滅己。

即是說，所有惡言、批評、毀謗加之我們，吾人不接受、不理會、不計較，這些惡言會到那裡去呢？當然最後又回到他自己身上。所以，不要因人一言、一事，就亂了自己分寸，那是不值得的！

師父說的確是，那是他一生修行才有的境界，但不知我修到何時才有師父的境界。勿論如何！看了師父的作品，我心平淨很多，因爲造下惡業的不是我！

在一個風暴中修行：梁又平事件後之四

台灣常民社會經常流傳一句話：「個人造業個人擔」，又說「萬般帶不走，只有業相隨」；甚至也常聽到「個人吃飯個人飽、個人造業個人了」，鄉巴佬也能脫口而出這些「佛法真理」。

「業」是佛教的重要思想理論，按我個人的領悟，可以比喻成科學語言的「遺傳基因」。但遺傳基因會由於年代久遠而淡化，而「業」卻不淡化。故能生生世世跟你走，代代業相隨。師父說偈引一詩：

一切衆生所作業，縱經百劫亦不亡；
因緣和合於一時，果報隨緣自當受。

——《光明童子經》

我們每個人，所有人，不分教派族群，只要是衆生之一，所有造作的身口意三業，每天說的好話、壞話，所做的好事、壞事，心裡想的惡念、善念，都會形成「業」；這些「業」縱然經過幾生幾世，都不會消失。有如一朵花的種子採收下來，有適當收藏，過很久碰到適宜環境，還是會發芽成長。

衆生的生命從過去到現在，再由現在到未來，都是由「業力」牽引，「萬般帶不走，只有業相隨」。所以叫「一切衆生所作業，縱經百劫亦不亡」，業是很現實、很可怕的，且不分帝王將相，絕對公平的，能覺悟的人應自我警惕，不可造「惡業」。師父如是說！

「因緣和合於一時」，因緣成熟時，就要受報（指承擔結果）；好的業緣，會有好的善報，都是遲早的。但有鐵齒的人問，那裡有前世今生，有首偈說得好，「欲知前世因，今生受者是；欲知未來果，今生作者是」。你現在所承受的是過去種的因，想知未來果，現在就要去做！

「果報隨緣自當受」，佛教講因、緣、果，因果之間還有「緣」的存在。「因」是業的主要部份，形成到果還有緣，緣是一種條件，當業醞釀到一定程度，必然產生因緣果報。

自己的因緣果報都要自己受，個人造業個人了，是很準確的科學，沒有例外（科學尚有例外）。種瓜得瓜，種豆得豆，善有善報，惡有惡報，不是不報，時候未到。所謂「時候未到」，指「緣」的條件未到，到了就報，誰也替代不了！所以「自己」才是最須要觀照的，而不是「別人」，別人的業是別人的事。師父又引一詩偈：

但修自己行，莫見他邪正；
口意不量他，三業自然淨。

——《曆代法寶記》

修行處世，最重要是好好觀照自己言行，而不是老看到別人的長短。（別人長短是別人的事）所謂「公修公得，婆修婆得，不修不得」，一個人不能觀照自心，只一味地論人長短，到處罵人，自己永遠不會有長進。所以說「但修自己行，莫見他邪正」，別人的邪正也是別人的事，他要自己承擔，干你何事？

「口意不量他」，人我關係中，無論口頭、表情和內心，都不宜妄自評量批判他人，應想想自己有多少長短優劣！那裡能評量別人，何況自己所見未必是真相，別人的內在深淺，自己了解多少？都是未知數。前三句都在警惕修行者，注意力要放在自己，觀照自己的身口意，而不是別人的身口意。故說「莫見他邪正，口意不量他」，這句對我很有警惕作用，梁又平的正邪他自己負責，他的業也他自己承擔，與我無關，故不隨他起舞。

能做到以上三者，三業自然淨，是自己的身口意自然乾乾淨淨。在口上，不妄言、不兩舌、不惡口、不綺語；在意念上，不起貪、瞋、邪見及種種分別掛礙；終於能在行爲上沒有種種的惡，人生的境界不高也難。

以上是師父詮釋《光明童子經》和《曆代法寶記》兩首詩偈，很有教育、警惕作用，自己未來應按師父所言自我要求，總須有點長進。否則，人過六十歲了，若和五十、四十無差，豈不悲哀！

在一個風暴中修行：如何用心

前文我提到師父所解釋的，身口意都要觀照自己開始，尤其從觀照自己的一顆心開始，是「但修自己行」，但我却因一個外物一陣風暴，讓一顆心亂了很久，可見這顆心很難管好，到底要如何用心？師父引一詩偈：

當於衆生平等想，慎勿妄起我人心；
常樂多聞持禁戒，捐棄舍宅坐道場。
——《大寶積經》

佛教的平等觀，超越世俗民主政治中的平等太多了，境界也高太多了！嚴格追論民主政治的平等，其質乃不平等、假平等；佛教講「衆生平等」，我很早有所領悟，所以這句「當於衆生平等想」，我就很有感覺。師父常說「佛與衆生，平等不二」，我們當以平等心看待一切人等。所謂人人皆有佛性，佛是已覺悟的衆生，衆生是未覺悟的佛。

卽然衆生平等，則「愼勿妄起我人心」，就是要謹愼不可妄起人我的差別、計較心。如你我地位不同、貧富不同、官階不同，乃至種族不同等，凡此差別心就是不平之心、罪過之心。

爲了要善用、制服這顆心，我們要「常樂多聞持禁戒」，經常聽聞正法，持守戒律規範；也要「捐棄舍宅坐道場」，有多餘的錢財、物資、房舍，亦可與人共享，自然就能廣結善緣，這部份對絕大多數人是最難的。

爲何說這部份最難？原因在於我們從小被教育成要獲得、要佔有、要壯大自己所有，民主社會也教育「利己」是進步動力，是獲利之根本，故人只爲己。而社會以民主之名，行放縱、沉淪、犯罪之實。在這樣濁惡之世，我們的心要如何修！如何行？師父又引詩偈：

> 見世之過患，身自依法行，
> 賢者不樂惡，為惡不樂善。
>
> ——《五分律》

「身自依法行」，處惡世面對壞蛋，自己要有自我價值標準、行事準則，不能隨波逐流，有樣學樣，那就和別人一起沉淪了。「賢者不樂惡，爲惡不樂善」，堅持做一個長進賢能者就會遠離惡行，爲惡當然就不善。是故，善惡只在一念之間，天堂地獄都在自己心中。

我們每天活在一個惡亂之世，你四週、身旁、社區，就有許多你不喜歡的人，說是非者、罵大街者、暴力者；再往外看，貪污搶劫、政治惡鬥、貪名好色、惡行惡狀、無端殺人……「見世之過患，身自依法行」，看來也不是容易之事！

一個風暴後的感想：修行趁早

近幾年來，凡是和我要好的朋友，八卦之餘，我常乘機進言：如果你尚未找到一個可以寄託未來生命的宗教，或正在找，或無宗教信仰者，要儘快，有了宗教信仰，才能進入修行生活，修行要趁早，不要弄到最後一天，還找不到可以依託的家園。

最常看到的現象，是一個老者走到人生終站之前，醫生通知家屬，「就在這幾天了！要準備後事了！」於是兒孫等見最後一面，兒子在老爸耳邊輕聲問：「老爸！你要用佛教還是天主教？還是……」

即然生死是大事！是必走的路，爲何要弄到「最後一天」？只用一天、一句話，幾秒鐘思考（或根本無思考），能解決生死大事嗎？那確定是不夠不行的；有如人生大考（大學聯考），你從頭到尾不當一回事，到最後一天才決心要參加聯考！行嗎？

最近（二〇一四年五月間），我刻意多讀師父的作品，使梁又平事件在我內心造成的不悅，儘早完全化解掉，事實上從發生至今已化解掉很多，幾乎沒了。但我覺得師父的作品常讀，等於打了預防針，用處很大，昨天讀到師父解釋《緇門警訓》一首詩偈：

萬里新墳盡少年，修行莫待鬢毛斑；
死生事大宜須覺，地獄時長豈等閒。

正好這首詩偈也講到我常向朋友說的「不要弄到最後一天」。前兩句警示人們，墳墓裡躺的不一定是老人，也有許多早逝的年青人，所以修行要趁早、儘快，不要以爲總有明天、明天，也許只有今晚，沒有明天。《四十二章經》第三十八章曰：

佛問沙門：人命在幾間？對曰：數日間。佛言：子未知道。復問一沙門：人命在幾間？對曰：飯食間。佛言：子未知道。復問一沙門：人命在幾間？對曰：呼吸間。佛言：善哉！子知道矣！

所以，生死距離只在一呼一吸間，一口氣上不來就走了。俗諺也說：「今日脫下襪和鞋，不知明晨來不來」，生命是多麼無常，六十歲還是和三四十歲一個樣，等於是沒長進，白吃了飯、白做工，白白過了二十年！可惜啊！很可惜！

「死生事大宜須覺，地獄時長豈等閒」，生死事大，何等大事！且生命無常又短暫，須要儘早覺悟、覺醒；而地獄時間反而很長，不可等閒視之，也是叫人要趁早修行，才不會隨入地獄。

風暴沒了，人生最究竟的快樂何在

通常世俗所謂的快樂，大約是食一頓美味佳餚、好友相聚、中大樂透，或與心愛的女人相守…但這些其實層次是不高的，更非人生究竟之樂，那麼，人生真快樂何在？師父引《法句經》說：

應時得友樂，適時滿足樂，
命終善業樂，正信成就樂。

「應時得友樂」，在須要的時候，困難的時候，能得朋友相助，不論建言、支援、贊助，都是朋友所須；這種朋友是「何種朋友？」是孔子說的三益友，友直、友諒、友多聞。

「適時滿足樂」，滿足之樂是我退休之後才有的領悟，在職場上幾乎不可能體驗滿足樂，因爲有階級（薪資）的追求，自己不升別人升也是酸，何況幹軍人不就是要一級級升嗎？升到兩顆星、三顆星、四顆星……那裡有滿足的時候，也就不知道何謂快樂？直到退伍（休），才體會什麼都不要、什麼都不求！最快樂，樂無比！

「命終善業樂，正信成就樂」，一輩子所做的事，加加減減，到最後「結算」時，善業比較多就是快樂，中國人所謂「含笑九泉」吧！正信是指合乎善的宗教信仰，就是內心悅樂之泉源。樂也有程度之別，師父引《摩訶帝經》講，何爲上樂？

世間所有諸欲樂，乃至天上所有樂；
若比斷貪之大樂，十六分之不及一。

這首詩偈清楚明白，人間天上所有樂，不及斷貪之大樂，「十六分之不及一」大概是形容詞，原來「斷貪」才是大樂、難怪我在野戰部隊那段日子不快樂，因爲貪太多、欲望太多、執著太多。退伍後，把貪斷了一些，已覺快樂，但吾等凡夫，要如何斷得乾淨？

多年來每年上佛光山，聽很多大師講法，師父也常說斷貪後反而擁有十方法界，要以無爲有，以不要、無求爲有，這是一種解脫之樂、逍遙之樂。故斷貪爲上樂。師父講快樂，最常提到要給人快樂，而不是光光自己的快樂。師父引《摩訶僧祇律》說：

> 若人以食施，得生最勝處，
> 以樂布施者，人天受福報。

布施食物錢財，給人快樂，也讓自己有功德。但以給人快樂的布施最殊勝，這是一種奇妙的感覺，我到台灣大學後接觸的環境，才領悟到這層道理。軍職那些年，我對布施之樂完全無感；我所受的軍事教育似乎在說：要把軍人幹好，就是要給人痛苦，師長給旅長苦受、旅長給營長苦受、營長給連長苦受……

從風暴中學習，與那種人爲友

我們一輩子從年輕到老都在交朋友，學生時代長官罵說「不要搞小圈圈」，但不知爲何？從長官到小兵都自動的形成一個個小圈圈。以前不懂，後來知道這是自然本能，物以類聚，相同習性的人在一起，這有很多功能，如取暖、安全感。

佛教更講求交朋友的藝術，透過交友完成佛道修行。例如師父常說：「未成佛道、先結人緣」「廣緣善緣、宏法利生」「未成龍象，先做衆生馬牛」等語，都在說佛法修習過程中，與衆生交朋友、服務衆生，似乎就是一條成佛大道。但按佛陀教法，交朋友是有很慎重的選擇，即「與智者交」，這和孔子三益友相近。師父在《佛教叢書・佛陀》中，解釋佛陀的「交友智慧」，師父引一詩：

舍智連通說富那，須空旃論迦頭陀，

那律天眼波離戒，阿難多聞密行羅。

　　這首詩偈在說，佛陀十大弟子各有不同第一的本領，各有特色，在僧團裡各自形成一個個小圈圈。例如，舍利弗尊者帶一群比丘一起經行；目犍連、富樓那、須菩提、迦旃延、大迦葉、阿那律、優波離、阿難、羅睺羅等，也各自帶一群比丘經行，乃至提婆達多亦是。

　　佛陀看到這個現象，便乘向大家說法：「善者與善者在一起，惡者和惡者在一起，如乳與乳相應，酥與酥相應，糞和屎尿在一起的道理。眾生也是同類相聚，各自相應。你們看見舍利弗率領眾多比丘在經行嗎？」

　　「是的，看見了。」弟子們回答。佛陀說：「他們都是有大智辯才的人。」

　　佛陀又問：「你們看到目犍連率另一群人在經行嗎？」「是的，看見了。」弟子們又答。

　　佛陀說：「他們都是有神通大力的人。」

　　佛陀又問：「你們看見富樓那、須菩提、迦旃延、大迦葉、阿那律、優波離、阿難以及羅睺羅等人，也率領一群人在經行嗎？」

「是的，看見了。」弟子們答。

佛陀說：「他們分別是擅長說法、解空第一、善於議論、少欲知足、天眼明徹、嚴持戒律、多聞總持、善修密行的人。」

佛陀再問：「你們看見提婆達多率領一群人在經行嗎？」

「是的，看見了。」弟子們答。

佛陀說「他們是一群薰染惡行的人。」佛陀語重心長地對大家說：「不要和惡知識、愚痴人共事，要和善知識、有智慧者共事交往。若如一個人本無壞行，但常和有敗德惡行者在一起，遲早也會學壞。」

提婆達多率領一群素行不良的人，其中有三十多人聽佛陀開示後，即遠離提婆達多，到佛陀座前頂禮，改過遷善，精進修行，不久都證得阿羅漢果。

師父引佛陀教法，以「物以類聚」之道，勉勵大家要親近有德行、有智慧的人，此如入芝蘭之室，久不聞其香；反之，結交無德不智之人，如入鮑魚之肆，久不聞其臭。交友豈能不慎乎！師父另在《緇門警訓》，亦引詩偈警惕交友之道：

邪師惡友，畏若豺狼，

善導良朋，視如父母。

這偈也很清楚明白，邪師惡友要遠離，好朋友好師長要如父母般去親近。絕大多數人在年輕時應聽過類似勉勵的話，只是九成九都無感，聽不懂，乃至以爲威權，封建而生反感，結交壞朋友，毀了自己。

那些沒毀的，大概也要到三四十歲以後才懂這些道理，也要有因緣接觸到善知識、智者或大師，才有可能領悟開悟。至於很年輕就懂這些妙道，並能力行實踐者，稀有動物吧！

我算是後知後覺的人，四十歲前根本就是不知不覺者，來到台大接觸到這個如「靈山」般的奇異世界，我才知道一些「人生真理、宇宙真相、社會實相」；才按師父所言重新「篩選」朋友，算是晚了一點，沒關係，至少我懂了，開始了！

因果：「人頭鹿」與「鹿頭人」

愛因斯坦說：「世界上所有宗教，唯一經得起科學檢驗的，只有佛教。」大科學家為何這樣說？他必然有所本，有所根據！愚昧的我等，無法完全理解他的根據！

他的層次太高，據說當時全球只有三人懂愛因斯坦的相對論，他說的「時間、空間和物質，是人類的錯覺和誤解。」換言之，徹底知道時間、空間和物質真相，當時只有他一人，現在知道的亦不多。大科學家所說只有佛教經得起科學檢驗，我初淺的知道，佛經中可以詮釋愛因斯坦的時空論，尤其宇宙論，在《金剛經》和《地藏菩薩本願經》中，有很深入的論述，趣者可自行去研究。

我並非科學家，也不是佛門龍象，佛門中的「卒」尚且不是，只是一個普通信徒，深信佛教的因果。我大膽推測，愛因斯坦所說佛教經得起科學檢驗，大約因果律（論）是其中之一，所有科學（含社會、人文、精神等）研究，都離不開因果關係中的變項關係研究。只是佛教中的因果關係，時程可以拉到三世——前世、今生到來世。

幾乎每年八月的「佛光山佛學夏令營」，各大師的演講中，多少會談到因果。師父有許多作品也講到因果，師父曾說，一個人不信或不知三世因果，是很愚癡的，在〈星雲說偈〉引一詩：

不知三世事，亦寡法財寶，
飽腹貪欲心，人形畜無別。

——《華嚴經・普賢行願品》

因果不是只有現世報，它貫穿前世、今生到來世的關係，我們今生受的果報乃前世造下了因，來世何種果報亦今世之因，故說「欲知前世因，今生受者是；欲知未來果，今生做者是。」完全合乎科學上的普遍性、恒常性，經得起檢驗。

「亦寡法財寶」，世俗財寶是金錢財富、房產股票，而不知「法財寶」才是真財寶，如佛法的慈悲、智慧、知足、信仰、道德等。沒有這些法財寶就會「飽腹貪欲心」，貪得無厭，永不滿足，而「人形畜無別」，生有人形的禽獸，讀到此不得不想起陳水扁、吳淑珍和趙建民那幾家子人，可怕啊！

「人形畜無別」也是佛經中的故事。有一隻九色鹿救了獵人一命，獵人想報恩，九色鹿說：「只要你回去之後，不要將我的住處告訴任何人，就是最好的報恩。」

但獵人回去之後，在國王重利引誘下出賣了九色鹿。當此事傳揚出去後，人們都說獵人是「人頭鹿」，而九色鹿則是「鹿頭人」。所以，俱有人形不一定是人，可能禽獸不如；禽獸有時比人高貴，比很多人更有人性。

「因果」說來很現實、很可怕，不可不信。很多鐵齒的人說那有什麼因果！果報在那裡？他若深思之，看看大千世界中，有那樣結果是沒有因在背後推動呢？例如貧窮，追其因，懶惰、慳貪、好賭…或智慧不足、經營不善、被人倒會…定有原因；爲什麼被關在牢裡？因爲殺人、貪污或…若都無罪因，那是被陷害（也是因）？爲何被害？因…師父引《因果經》說：

富貴貧窮各有由，夙因緣分莫強求；
未曾不得春時種，空守荒田望有收。

明明未種豆苗，指望田裡長出豆來，那有可能，這簡單的道理大家都懂，這不就是因果。所以師父常勉勵要「做己貴人」，貴人就是自己，所有的因都是造的，果也自己收。此卽因果自負，福禍自造。很多人以爲佛教是宿命論，其實不是，自己就是命運的掌握者、創造者；自己的命運要問自己，而不是算命仙、地理師！

師父常提到「菩薩畏因、衆生畏果」的道理。菩薩善知因果，所以會事先防備，不會弄到結果發生才來畏懼；而衆生不知因，不知果報，於是好吃懶做、貪污腐敗、殺人放火…等到結果發生了才來害怕，已經來不及了。這也就是說，有智慧的人、真聰明的人，做任何事，要從「因」上先思考、著手，就能「預測」到結果。

啊！三十年前我怎不懂這道理？現在懂了，雖已太晚，苦果惡果全吃飽了；至少是懂了！後面的老年人生「果」該是甜的！

一個事件後：福報、因果和業

中國民間社會不論那一階層的人，知識或非知識份子，信不信佛教，在勉勵或譴責氣氛中，常講到福報、因果和業的觀念。可見中國民間社會受佛教思想影響之深，故有所謂儒、佛、道三家，是中華文化的三個重要核心價值。由這三家融合再創新，出現不少中國式宗教，如天帝教、一貫道，乃至其他媽祖、關聖帝君等千百種中國民間信仰，都在講福報、因果和業。

我對佛法所知不多，只是一個普通信徒，讀些師父和大師們的作品，距離夠格「講經說法」千萬里之遙，遙不可及。頂多在讀書會聊聊感想，在自己寫作路上寫寫讀書心得，這回寫了這麼多，還是從一個事件後引起的動機，讓我再讀讀師父著作中，有關福報、因果和業的詮釋。師父在「星雲說偈」中，引《栴陀越國王經》一詩：

罪福響應，如影隨形，
未有善惡，不受報者。

師父詮釋有兩樣東西生生世世緊跟著，就是罪業和福報。「業」者，像念珠的線把珠子串連起來；在你的生生世世，業貫穿從未間斷。福報也假不了，做一分善事，福報增長一分，功德簿裡就累積一點，福和罪如斯響應，如影隨形，在因果關係裡，未有善惡，不受報者。所以因果報應從無例外，否則就不叫因果了。在佛經中有一則投胎為狗的故事。

有一天，佛陀托缽經過兜羅子的家，兜羅子有事外出，家中養的白狗見到佛陀，對佛陀狂吠不已。佛陀輕聲對牠說：「不要大聲叫，前世你是梵志，今世投胎為狗。」狗聽了悶悶不樂的躲在床底下。

兜羅子回家看愛犬不樂，問家人如何等，家人把佛陀來的事告訴兜羅子，他馬上去祇園精舍找佛陀理論：「你對我的愛犬說什麼？牠心情低落⋯⋯」

佛陀原本不想多說，兜羅子一再逼問自己和愛犬的因緣。佛陀才明說：「白狗就是你父親。」

兜羅子說：「我父親生前行布施，早已生到梵天，怎麼可能出生爲狗？」

「你若不信，回去問白狗。」

兜羅子半信半疑回到家對白狗說：「你若真是我父親，請告訴我藏寶的地方。」白狗鑽到床下，不斷掘土，兜羅子也鑽進去幫忙。不久，珍寶果然出土，他立即去向佛陀頂禮，恭敬的問：「父親爲何投胎爲狗？」

佛陀說：「他生前蠻橫傲慢，仗勢欺人，慳吝不布施。因此今生投胎爲狗，持續前生未了的心願，守護自家財寶……」這正是萬般帶不走，只有業相隨。

爲什麼以前不懂？爲時已晚

大約兩三年前，我無意間讀到師父星雲大師所寫的《佛教叢書》，其中一篇〈梵天問道〉，感慨得幾乎要「敲破自己腦袋」。爲什麼我沒能早看到這篇短文？爲什麼以前不懂？爲什麼年青時不懂？爲什麼到退出江湖、人老了、快六十歲才懂？若不看到這篇文章，大概一輩子不懂，真是豬啊！爲時已晚！追悔莫及！人都六十幾歲了！懂了何用？惡果都已造下、承擔了！

最近我又拿出來重讀師父這篇〈梵天問道〉，一樣的感慨。幾年前我懂了後，總勉勵自己要上進，否則這佛教徒也白當了，有什麼臉說自己是佛教臨濟宗第四十九代弟子！〈梵天問道〉大意如是說：

有一天，佛陀在祇園精舍說法，大梵天從天而降，來到佛陀座前，向佛陀問道。

梵天問：「什麼是最銳利的劍？什麼是最劇烈的毒藥？什麼是最凶猛的火？什麼是最黑暗的夜？」佛陀答：「惡口是最銳利的劍，貪欲是最劇烈的毒藥，煩惱是最凶猛的火，無明是最黑暗的長夜。」

梵天問：「什麼人獲益最大？什麼損失最大？什麼甲冑攻不破？什麼是最好的武器？」

佛陀答：「布施者獲益最大，貪得無厭和受施不報損失最大，忍耐是牢不可破的甲冑，智慧是最好的武器。」

梵天問：「什麼是最陰險的賊？什麼是最珍貴的寶藏？什麼是天上人間執著力最強的？什麼是最安全的寶物？」

佛陀答：「惡念是最陰險的賊，道德是最珍貴的寶藏，心執著事物的力量最強，無生滅是最安全的寶物」

梵天問：「什麼最有引誘力？什麼最令人討厭？什麼是最可怖的苦痛？什麼是最大的享受？」

佛陀答：「善最有引誘力，惡令人討厭，有內疚之心是最可怖的苦痛，解脫是最大的享受。」

梵天又問：「什麼是世間死亡的原因？什麼能破壞友情？什麼是厲害的熱症？什麼是最好的醫生？」

佛陀回答：「無明是死亡的根本原因？嫉妒和自私破壞了友情，恨是最厲害的熱症，佛陀是無上醫王。」

梵天想一想，又問：「現在我還有一個疑惑不明了，祈求佛陀您開示：什麼東西是火燒不毀，水浸不爛，風吹不碎，而且還可以再造宇宙？」

佛陀回答說：「是福報。善行的福報，火不能毀，水不能爛，風不能碎，福報可以再造宇宙。」

梵天聽完佛陀的開示，滿懷法喜，作禮而去。

以上是梵天和佛陀的一段求道問答，佛法尙未入門的我當然有些不易理解，如「無明」是啥？「福報可以再造宇宙」，有那麼偉大嗎？若看成一句形容詞我就可以理解。但全篇對答之內涵確實很震撼，「惡口是最銳利的劍」，在梁又平事件我深深感受到了！

也體驗到了！其他如「布施者獲益最大、智慧是最好的武器、福報火不能毀」等，都到很大年紀才懂，真是後知後覺者。

我中年後一直在反省這些問題，可能和我小時候到青年時代沒有啓蒙機會，使自己一再誤入歧路。教育環境也有關，我從進軍校所受到的教育，是未來要當國軍的高級將領；傳統的文官也是要步步高昇，追求富貴。那個年代，我認知的富貴定義，是「官大、權大、位高、錢多」，這才是人生。但來到台大後接觸佛光山，看了師父的作品，師父在〈星雲說偈〉中，引《妙慧童女經》小朋友問佛陀：「如何得到富貴圓滿的人生？」佛陀說了四個法門：

一者應時行施，二者無輕慢心；
三者歡喜而與，四者不希果報。

佛陀說的富貴，竟完全沒有我年青時的富貴四大元素。然而，佛說的富貴是真富貴，我那些是假富貴！爲什麼以前不懂？爲什麼不能早點懂？現在懂爲時有些晚了！

修行眞的難，不容易啊

這段時間，利用「梁又平事件」的刺激，重新翻翻師父的作品，也重新反省自己有沒有精進？有沒有修行成果？發現修行還真難！一下就破功！大文豪蘇東坡自以爲修行有成，寫了「八風吹不動」叫書童拿給他的佛門好友佛印看。

佛印在上面批了一個大大的「屁」字，叫書童拿回給蘇東坡，大文豪那裡忍得下這口氣！怒氣沖沖去找朋友佛印理論。

一見面，佛印先聲奪人問：「你不是修行到了八風吹不動了嗎？怎麼一屁就打過來了？」東坡知道上當了！也發現自己修行破功了！

想要有一點修行成果真是不容易，當然我所謂「不容易」也有相對性，決心、恆心、意志力不夠，當然就難，當然改不了壞習性。師父往昔講修行法門，引過《治禪病秘要經》詩偈說：

當服慚愧藥，忍辱為衣裳，
懺悔莊嚴華，熏用善心香。

就詩偈內容看，就完全違反現在（以前亦是）社會流行價值觀。沒做錯事爲何要慚愧？沒做虧心事幹嘛要懺悔？忍辱也不對，被人當病貓，反擊才對！一向都如此，就是有錯也不能承認。我年青時，還有長官教育部下說：「錯的事連做三次就是對的。」……

凡此，都和修行之路背道而馳。耶穌說的人打你右臉，你應該左臉也讓他打一下。我不相信那些耶穌信徒做到了，從歷史記錄檢驗，他們都是以牙還牙！

不論耶穌說或佛言，相信另有深意，修行當然難，想要成爲人上人也不是說說的。

師父講前面修行四法，「當服慚愧藥」，叫人要常懷對不起自己的法身慧命、對不起師長父母、對不起同道朋友…有了慚愧心，才知道要發心立志。

「忍辱爲衣裳」，是要去除人的傲慢心，人格自然莊嚴，佛也說過「忍耐是牢不可破的甲冑」。「懺悔莊嚴華」，希望人經常反省認錯，很多地方不好，才有精進的空間。

「熏用善心香」，即「近朱者赤、近墨者黑」，常親近善法、善人，自己也會產生很大力量。修行真的有點難、非常難，師父引《無量義經》偈勉勵：

歷劫挫身不倦惰，晝夜攝心常在禪；
遍學一切衆道法，智慧深入衆生根。

詩偈的意思，大概說修行學道須要決心、恆心、專心和堅定的意志力，始能有成，看來當大師是不容易的；容易的話，豈不滿街都是大師！

放下放下說放下，誰放下

放下，兩個字多麼簡單，小學二年級小朋友就知道說用這兩個字；但往往是八歲童子說得，八十老翁做不得。可見看起來很簡單的東西，也有極高深、極困難之處。人生，要更上一層樓，是要下工夫的！

「梁又平事件」發生多久了？我拿他來做了這麼多文章，說來他是個好「問題」，才使我為解決問題，看了一本又一本的書，寫了一篇又一篇的文章。我反躬自省，對於這個事件，我放下了嗎？沒有，放下也許連筆也放下了，寫都不寫，想都不想，才叫真放下！但我不放下，要作些「文章」！

我聽過很多人說過「放下」二字，到目前却尚未見過一個完全放下的人。師父乃一代高僧，應能放下，但我只讀他的作品和聽他演講，都在「言論」範圍，從未和他共同生活過，實況不得而知。所以，我以常理推論，師父仍有放不下的地方，或許也有執著之處。

「放下」，要放到怎樣才算徹底放下，才算達到一個修行人的境界？師父在〈星雲說偈〉中，引明朝的蓮池（雲棲袾宏）大師一詩：

塵網依依三十春，昨非今是不須論；
息交豈獨忘知己，為愛吾廬夏木陰。

在人間過了三十年，好像魚在網裡；他在塵網裡依戀父母、依戀家園，依戀不捨的三十年迷茫過去了。有智慧的人不會這樣浪費生命，一定會設法突破，找到人生正確的方向，好好努力奮鬥。

「昨非今是不須論」，他覺悟昨天的我錯了，今天所思所爲才是對的。有了這樣的自覺，就會日日更新自己，創造自己，追尋屬於自己的人生。

「息交豈獨忘知己，爲愛吾廬夏木陰」，是說要把自己的過去全放下，不單是忘卻自己，連朋友、情愛、身心都放下，這才是自在美滿的人生。

世人的掛礙太多了，負擔太重，每天的身心都承擔著屬於國家、社會、父母、子女、朋友、面子…無數沉重的擔子；再加上名利、毀謗、計較…無端掀起的事件，也讓人更執著、放不下。師父引民國的蘇曼殊一詩警示大家。

禪心一任蛾眉妒，佛說原來怨是親；
雨笠煙簑歸去也，與人無愛亦無瞋。

人只要有「禪心」在，就可以無人我、不計較、不執著。可以面對嫉妒、冤家、還能保有平常心、不動心，就像雨天穿簑衣回家，到家就安穩自在了！連愛恨情仇都放下，不著於心。人生到了這時，多少悲歡、愛憎，所有外界的毀謗…都可以付之笑談中了。

自在自在、隨緣自在

因緣、隨緣、自在這些觀念，在我前半生的軍事教育和職場經驗是不存在的。那些養成教育中，我們被培養要殲滅、要佔領、要奪取目標，要培養戰力，但我始終充滿無力感，三十年職業軍人生涯，一再慘敗！慘敗！慘退！退入台灣大學等退伍！

在台大接觸到佛法，講些自在、因緣、隨緣的道理，我卻渾身感受到力量充沛。在佛光山也常聽師父講因緣法，聽大師們詮釋觀世音爲何也叫觀自在，原來自在隨緣也是無上的力量。師父在〈星雲說偈〉，引梁朝僧祐〈釋迦譜〉詩說：

一切諸法本，因緣生無主，
若能解此者，則得真實道。

「一切諸法本，因緣生無主」，是說宇宙萬物，一切的一切根本，都是因緣所生。例如，人並非那個神所創造，而是因緣所生，因緣有則生，因緣滅則無。其他花草樹木、陽光、水…都是：房子由水泥、鋼筋…等很多因緣合成，當這些因緣散了，房子也沒了！

若能解此者，則得真實道。因緣只是那麼簡單的道理，懂了就是佛法，懂了人就自在起來，真是妙的得很！又因自在而有因緣，有了很多助力（因緣產生了力量）。這種境界，有如師父講過一首古德的詩：

一天風月流空界，隔嶺鐘魚應海潮；
江月不隨流水去，天風直送海濤來。

「一天風月流空界」，指宇宙永恆，而人生短暫。「隔嶺鐘魚應海潮」，隔著一重山，傳來隱隱的鐘聲和篤篤木魚聲，與海潮聲相應著，這是一幅調和的美景。深刻的意涵，在告訴我們一切要隨因緣和合，與因緣相應，而莫強求；人在世間，要使能力和所做的事相應，知識和事業相應，行爲和佛法相應，志趣和環境相應，如鐘聲、木魚聲和海潮音相應。因緣和合相應，才能自在圓滿，無尙的力量自然形成。

「江月不隨流水去」，意思說因緣隨緣不是隨波逐流，失去了自我，那是很難自在的；而是江月不隨流水去，你能把握自己，有「衆人皆醉我獨醒」的定力，有「雖千萬人吾往矣」的氣魄！

一個人只要因緣俱足了，就可以自然水到渠成，天風直送海濤來，你想要的，天風送來給你，海濤送來給你，完全不須自己去強求。以前都不懂這些真理，懂了人也一把年紀了！

懂了！却很容易破功，偶然一個外境的突發，如梁又平事件，讓我好久都不自在；非要再讀師父的作品，人才回復自在，看來自己的修行功夫還是不行！還要再修！

發財與布施

年青的時候只想要發財，而發財之道只有搞大事業，於是和幾個死黨真的開幹了。我們幾乎用半輩子在思索發財的路數，幾十年過了，我們仍止「用嘴巴說的」！

當我爲發財之道所困，走入無解的困局，對人生失望極了，偶然來到台灣大學當一名「待退軍官」。又在偶然間接觸了佛法，唏哩嘧嚕也跟著兩位師兄上佛光山，忘了那是多少年前的事。但我永遠忘不了的，是那回星雲大師講話，他講了很多，講到布施，「發財從布施開始，布施獲利最大，大得說不完…」

大師這樣說時，我初接觸佛法，還是讓我很震驚，心中出現很多問號，這和我在四十幾歲之前接觸的觀念很不同。「布施」，是把錢從自己口袋拿出來，給人，自己的錢只會越來越少！怎麼可能發財，這也太不合邏輯、不合情理了！

不久後我終於懂了，財布施、法布施、無相布施，佛光山、中台山、慈濟…這些大事業都從布施開始；從個人看，布施和自己的生生世世都有關係。今世的我為何面臨前半段人生的困局？乃至碰上「梁又平事件」，或許前世沒有布施。從因果來解釋，我現在承擔的都是果，以前自己種下的因，怪別人何用？這十多年來我對布施、供養有全新的觀念，倒不是為獲什麼利！或為下輩子要如何！而是那種感覺很好，與人結緣真是最自然也最真誠的人際關係。師父在〈星雲說偈〉中，引《三世因果經》一詩：

三寶門中福好修，一文施捨萬文收；
不信但看梁武帝，曾施一笠管山河。

「一文施捨萬文收」，這種「利潤」天下那裡有？那家企業行號能做出這種生意？商場上沒有。所以，這種事要從佛法的因果律、從形而上、道德上去詮釋，就能有很多實例。梁武帝的前世是一個砍柴的農夫，有一天經過地藏王菩薩像前，想到每天在路旁日曬雨淋，一念恭敬之心，就把自己的斗笠戴在菩薩頭上。如此一點布施的功德，慢慢匯聚成來世當皇帝的果報，故說「曾施一笠管山河」。這也在說天下沒有不勞而獲的事，收穫也必須事先有播種！印順在《成佛之道》亦說：

依資具得樂，依施得資具，
故佛為眾生，先讚布施福。

人們依資具得樂，生活所需的滿足可以給人快樂；但我們今生享有資用有來源，就是「依施得資俱」，先有布施的因。所以佛「先讚布施福」，勉勵大家要學習布施，發財就是從布施開始。

修行、修煉，那麼脆弱！

「梁又平事件」發生這麼久了，至少有半年，如今回想還是不思議！不思議！之所以不思議，並非這世上有這麼多暴力者，動不動就對人咆哮！不顧後果！不論對誰！佛陀說這個「五濁」世界，本來如此，所以也不足為怪！衆生各有因緣，「個人吃飯個人飽，個人作業個人擔」，本來如是。

余所謂不思議！不思議！乃指自己的不思議！好像修行了五百年，卻在一夜之間破功了。早在軍校學生時代，每天、每月、每年，每日早晚，讀了多少〈蔣公訓詞〉、〈經國先生日記〉、〈名將演講錄〉……講的不外什麼「泰山崩於前而面不改色」的修行功夫，自己也這樣期許自己。現在只不過碰到一個數十年而未成長的人，他無厘頭的對你亂咆哮一陣，結果自己幾十年修行就瞬間破功，豈非不思議！不思議！

破功之後，只好強迫自己「補破網」，把師父的作品再拿來讀，現在相信師父的作品比（蔣公訓詞）有用。昨晚睡前翻到「星雲說偈」一篇短文，題目是「道場在那裡？」，師父先引古德一首詩：

刀山劍樹為寶座，龍潭虎穴作禪床；
道人活計原為此，劫火燒來也不忙。

這首詩很容易懂，也不難理解，這不就是我學生時代讀的那些訓詞嗎？「泰山崩於前而面不改色」。師父引佛陀十大弟子中「說法第一」的富樓那尊者，他聽說輸盧那國的人民沒有信仰，凶横暴力，社會很亂，他想發心去弘法。佛陀提醒富樓那：當地人民太頑劣，你不怕危險嗎？富樓那答：「越危險越該去，都怕危險，那誰去呢？」佛陀又問：「假如他們罵你呢？」「只是罵我，沒有打我啊！」「若打你呢？」「只是打，沒有要殺我！」「若要殺你，要你命呢？」「正好把命奉獻給佛教，奉獻給衆生呀！」

佛教的出家人和軍人是兩種極端不同的事業，但在中國民間把和尚、軍人都叫「大丈夫的事業」。更深的歷史背景就不追了，可能這兩種事業都有「到最危險的地方去」的期許。

原來這世間本來到處有龍潭虎穴，我們要在這樣的濁世修行。但要用平常心看世間之惡，真是難啊！修了多久多久還是容易瞬間破功。師父在一篇文章中，引清代蒲松齡一詩說：

龍游淺水遭蝦戲，虎落平陽被犬欺；
人情似水分高下，世事如雲任卷舒。

以前都以爲虎落平陽是落難，其實常態，很正常的事，不要覺得奇怪。詩意要說的是，龍到淺水要放下身段，與蝦平起平坐，和平往來，就不會落難。言外之意，叫人要看淡世情，才不會隨人起舞，生活的自在，世事如雲任卷舒。

「梁又平事件」的三種假設處理方法（態度）

某日，突然想到「梁又平事件」最好的處理方法，即面對的態度應如何？我心中立刻閃出兩個「模型」，一個是我師父星雲大師，一個是自己的太太。

即然是「師父的模型」，我當然聽過，前年師父應台大邀請，到台大校本部的演講廳演講，我還從頭聽到尾。爲何事到臨頭把師父的說法忘光光？實在太遜、太不長進了，學佛學了這麼久，還這麼容易破功！以後碰到類似事件，一定要按照師父說的原則去面對。

何謂師父的模型（榜樣、典範）？指人際關係的處理態度，要「以退爲進、我錯你對、我無你有」爲原則，這是心態、態度的問題。師父舉例說明，一個是王家夫妻天天吵架爭對錯，一個是李家夫妻爭相說自己的錯。

說明，王先生不小心打翻桌上茶杯，水流滿地。王太太大聲指責粗心，王先生回嗆

「又不是故意的，妳幹嘛大聲。」王太太火氣來了罵，「你還有理由…」一場室內風暴於焉掀起，雙方都不覺得自己有錯。

李家夫妻心態完全不同。李先生不小心打翻桌上茶杯，水流滿地。李先生馬上說：「我太不小心了！打翻了茶杯，我的過錯！」李太太則說：「是我把倒滿水的茶杯放桌上，才讓你打翻茶杯，是我的錯。」先生說：「我的錯。」他們夫妻從未聞吵架，他們總是先檢討自己，爭相說是自己的錯。

另一個模型是太太的，以牙還牙，以更強的力道反罵：「你算老幾？我那裡有錯？你竟然不顧老同學面子，當面羞辱我！跟你拼了…」這當然也是一種好辦法，因爲不反擊人家以爲你是病貓，更以爲你沒種、好吃，便永遠吃定你，或許也可以立竿見影。

另一個「模型」是我當時的情形，回想那個情境，我完全沒有處理（反應不過來要如何處理）。因此，形成一面倒，才讓梁又平咆哮、轟炸了幾分鐘。我的模型應該不是好的模型，至少沒有導至更大衝突，那樣等於我給虞同學、阿妙帶來困擾，也很不好！也算好的模型。

過去的已如流水，記取教訓，如佛陀、孔子所說，交朋友要有所選擇。梁又平對「我並無意義」，但「梁又平事件」對我是有意義的，人生中的意外，身邊的事，寫作的素材。但我卽身爲佛教徒，佛教思想和師父說法，我都很認同，未來類似問題還是把握師父說的原則。再者，個人造業個人擔，人與人之間各有因緣，不必降低自己去強求不可得或不被尊重的友誼。

師父的模型是人我之間保持和諧的最好辦法，至少在私領域、交友範圍內，應當如是，也是未來自己必須學習的榜樣。至於在政治、國際政治領域應是行不通的，人家打上門（如倭人侵華），總不能還說「我錯了」！

「以牙還牙」好不好？

現在事後做些檢討、研究，梁又平事件發生時，我若以牙還牙，也和他開罵、砲轟，情況會怎樣？……一堆同學上來勸架，當天氣氛一定不好。這是就世俗而言，但從佛法看，更深的意涵爲何？這兩天看師父的〈星雲說偈〉，師父引一詩偈說：

以瞋報瞋者，是則為惡人；
不以瞋報瞋，不瞋勝於瞋。

——《雜阿含經》

「瞋」同「嗔」，全詩的意涵叫人不要以瞋對瞋，例如有人罵你、轟你、污辱你、咆哮你，你不要用相對的瞋恨回報他；若你以牙還牙，以瞋報瞋，你就和他同樣也是個惡人。而是要以慈悲心、忍辱心，以一顆不瞋不恨的心來面對，就可以降服瞋恨的人。我想須要很高的修行人，或許真能做到。

師父在文章中引《百喻經》中一則寓言。有一條蛇向前走去，蛇尾抗議：「怎麼都是你蛇頭走前面，要我走後面呢？」蛇頭答：「古來都是蛇頭在前，蛇尾在後啊！」蛇尾不服，把尾巴纏在樹枝，讓蛇頭不能前進，不能覓食，只好屈服說：「好了！你走前面吧！」蛇尾得意向前行，因沒有眼睛看，不久掉進深坑餓死了。

師父又引《百喻經》另一寓言。一隻烏龜住在池塘裡，正逢乾旱，眼見快渴死了，正好來一群雁子。烏龜請求雁子帶牠到有水的地方。雁子問：「要怎麼帶你？」

烏龜說：「我找根樹枝，你們兩隻雁子啣著樹枝，我咬住樹枝中央，這樣就可以了。」雁子說好，但對烏龜開條件說：「中途絕不可開口說話，你一開口，會摔得粉身碎骨。」烏龜說：「當然！當然！」

都備好就起程了，飛過一個村莊時，小朋友看見都驚叫說：「大家來看呀！一隻烏龜給兩隻雁子啣去了！」烏龜很生氣，就開口轟小朋友：「你們懂什麼？……」還沒轟完結果……以瞋報瞋的結果，是自己也受到很大傷害。所以，師父在〈星雲說偈〉引古德說：

六代傳衣到野僧，千年繼踵嶺南能；
碓舂日久工夫熟，祖宗堪挑無盡燈。

這詩偈講達摩東來，傳衣缽給二祖慧可，慧可傳三祖僧璨，僧璨傳四祖道信，道信傳五祖弘忍，弘忍傳六祖惠能。傳法六代後，禪風大盛，蔚爲奇觀。

詩外之意，叫我們要向祖師學，向高僧大德大師學，不要去學些邪門歪道，乃至向下流學，結果就是人生越走越回頭；就是原地踏步，六十歲和四十歲時「一模一樣」，說是永保青春，真實情形是未長進，也是退步！

李白和佛法

偶然讀浪漫派大詩人李白的作品，思索這位詩仙的思想，大致是儒道俠三合一，李白沒有佛教淵源，但以下他這首〈宣州謝脁樓餞別校書叔雲〉，頗有佛法上解脫、解放的意味：

棄我去者，昨日之日不可留。亂我心者，今日之日多煩憂。長風萬里送秋雁，對此可以酣高樓。蓬萊文章建安骨，中間小謝又清發。俱懷逸興壯思飛，欲上青天覽明月。抽刀斷水水更流，舉杯消愁愁更愁。人生在世不稱意，明朝散髮弄扁舟。

由於人生不稱意，李白索性把自己解放去流浪。我想李白如果信佛法，會有這麼多愁、這麼多憂嗎？佛法的解放和李白的解放，二者意涵不同。

此詩是唐天寶末年，李白在宣城餞別祕書省校書郎李雲時所作。「謝朓樓」是南齊名詩人謝朓擔任宣城太守時所建，又叫「北樓」或「謝公樓」。整首詩展示出李白的豪情壯志，欲上青天攬明月，正是他的浪漫、曠放，這個氣度頗有佛法的解脫、自在。

「抽刀斷水水更流」是很奇妙的意象，給人很多聯想，用來和「舉杯消愁愁更愁」相對比喻。這兩句也正好解釋佛法講「斷煩惱」的困難，人生的煩惱無窮無盡，如抽刀斷水水更流，斷水如斷煩惱，很難，很不可能！

但佛教講斷煩惱、講解脫是有方法的。基本上要從因緣法、緣起性空入門，不能充份理解這些，便很難進一步去講解脫。假設這些懂了，進一步可以談解脫方法。只是凡事「用嘴說」很容易，要「實踐驗證」就難了，偏偏佛教是要親身「證悟」的宗教。

約言之，佛教的解脫方法是「修持」，若不做修持的工夫，便不能實證解脫的境界；若不實證解脫的境界，終究淪於生死情境而不能自主生死，這是按聖嚴法師的說法。佛教談解脫修持，不外「戒定慧」三大門徑，這說來話長，而且不容易。師父曾引明代于謙一詩，說明「了生脫死」的情境：

千錘百鍊出深山，烈火焚燒莫等閒；

粉身碎骨都無怨，留得清白在人間。

這是師父題「石灰吟」文中所舉，不就是孔子、孟子、佛陀、文天祥、岳飛嗎？孔孟文岳有學佛嗎？相信沒有，他們有修持「戒定慧」嗎？大概沒有！但他們「了生脫死」了。

李白和孔孟不同，和文天祥岳飛也不同，李白也算「留得清白在人間」。因此，不論信不信佛法，只要能留得清白在人間，便算修持解脫道，也算了生脫死！

如果早一點讓我接觸佛法……

人好像總是活在後悔中，當然不是每件事都後悔，或能「早知道」。如去年為什麼不買那張股票？以前為什麼沒娶她？為什麼娶了她？真是「千金難買早知道」，最近網路一則順口溜說：「老婆是自找的，忍耐點」！也真的，人要搬石頭夯自己腳怪誰！

我接觸佛法算很晚很少又沒發心精進，俗務多得不得了，每隔幾個月才去道場一次，每年八月佛光山佛學夏令營也去沒幾回。因此，這幾年常覺悔不修行早，為何沒有及早念佛？才在這濁世的「八風」吹來吹去，近日讀師父的〈星雲說偈〉，引一詩深有所感：

人生百歲七旬稀，往事回觀盡覺非；
每哭同流何處去，閒拋淨土不思歸；
香雲瑪瑙階前結，靈鳥珊瑚樹裡飛；

從證法身無病惱，況餐禪悅永忘飢。

——元．楚石梵琦

這首詩偈的本意，按師父詮釋，是叫人要及早念佛（學佛），爲自己未來的歸宿做準備，第一句說人忙了一輩子，竟沒有爲自己大去的路而忙，一生在人我是非中掙扎，很不值得。

第二句每看他人走了，參加人家告別式，也感動得流下淚水，爲人哭就是爲自己哭，百年後何處去？怎麼也不做準備？

第三句說西方極樂世界的好，到處有靈鳥在珊瑚樹裡飛。最後一句是西方淨土的生活境界，沒有人間的那些苦，禪悅爲食永無煩惱。禪師以詩偈勸勉大家，盡早學佛、念佛，找到回家的路。人大多活在後悔中，爲什麼不能早知道？千金萬金難買早知道。

寂寞荒郊一夢長，古今人事懶思量；
閒花野草歡多少，明日浮萍笑幾場。
夜雨白雲同宿臥，曉風紅日伴行藏；

當初悔不修行早，空對青山淚兩行。

這些年來，軍旅生涯那些惡夢也還常揮之不去，半輩子幾十年在野戰部隊像一場災難，思之亦是「空對青山淚兩行」。五十歲後雖接觸佛法，卻不精進，俗務纏身，碰到「梁又平事件」都能困擾這麼久，可見自己修了半天全是白做工。如此下去，就像這首詩，成了寂寞荒郊一堆白骨，還在後悔當初不修行早。

不知道師父星雲大師或其他人（朋友），是否和我一樣碰到過像「梁又平事件」的案子。若有，我很好奇，他們是怎樣釋懷、放下的，摸摸鼻子算了，還是有其他辦法！希望看到我文章的人也寫點心得，讓文壇文友共賞共勉。

如果早一點讓我接觸佛法，十歲、二十歲……三四十或更早，或著另一翻局面、出家或…只能說一切都是緣，沒那個因緣、悟性不足或…

蘇東坡的平常心

師父常講禪就是平常心，修行就是要放下。在他的許多著作、演講，前幾回的佛學夏令營講話，最常引大文豪蘇東坡的例子，告訴大家平常心、放下不是嘴巴說說的，修行必須用功，必須身體力行，否則一下就破功。師父引東坡大學士一詩：

稽首天中天，毫光照大千；
八風吹不動，端坐紫金蓮。

話說蘇東坡被貶官到瓜州做太守，瓜州在長江北邊，和鎮江金山寺僅一水之隔。蘇東坡和金山寺住持佛印禪師是好朋友，二人經常彼此吟詩作對，參禪學佛，因二人對佛法向來很有素養。

有一回，東坡完成這首詩，自己覺得修行很深了。「稽首天中天、毫光照大千」，他說自己叩頭頂禮天中天、聖中聖的佛陀，深感佛光普照著他，毫光也照著大千世界，自己的修行竟到了這樣的境界。「八風吹不動、端坐紫金蓮」，人生的修行境界已是八風吹不動，稱贊、譏諷、毀壞、名譽、利益、衰敗、諸苦、快樂，八種風都動搖不了自己的情緒，可以不以物喜，不以物悲，如端坐紫金蓮台上的菩薩。

東坡對這首詩滿意極了，急著要和好友佛印分享自己的修行成果。他立刻叫書僮坐船拿詩到對岸，請佛印禪師欣賞。佛印看了在上面批了兩個字，就交書僮送回給東坡看。回去書僮很快把詩給東坡，東坡打開一看，只見批了「放屁」二字。東坡一時火氣來了，忖思：這老和尚太看不起人了，這詩那裡不好？不贊美就算了，怎麼還罵我放屁，太不夠意思了！蘇東坡氣沖沖的過江，到金山寺責問佛印禪師。

佛印禪師早知東坡會過江問罪，已在江邊等候，一見怒氣未消的東坡，就哈哈大笑說：「學士！學士！你不是八風吹不動了嗎？怎麼一屁就打過江了嗎？」東坡突然醒悟，原來修行不是用說、用寫的。而是心領神悟，力行實踐，落實在平常生活中。蘇東坡對佛法有了更深領悟後，他有一首詩警示衆生，佛法禪心就是平常心：

廬山煙雨浙江潮，未到千般恨不消；
到得原來無別事，廬山煙雨浙江潮。

人對未見之事總好奇，等到看了也沒什麼！佛法是以平常心對治好奇心，世間一切不一定非要見到才擁有，只用平常心看世界，一切苦樂有無都任其自然，因爲諸法空相。若吾人能以平常心看萬事，世間一切有無皆一如，都是鏡花水月。我希望自己能朝這種方向努力，人生六十好幾了，不向此行，還有那裡？

佛法在那裡？禪在那裡？

這幾年每年和二位師兄（信義、俊歌），都在八月上旬參加佛光山佛學夏令營，聽經聞法、參禪打坐、念阿彌陀佛、念南無本師釋迦牟尼佛。感覺上好像領悟不多，這當然是自己悟力、精進都不足，信心和願力微弱的原因，但念「南無本師釋迦牟尼佛」，我似乎較有「感應」，何種感應？自己也說不上來，說不出所以然！

在佛教的各宗派中，淨土宗大概是最簡單的修行法門。不識字的婆婆媽媽都能修，只要開口念佛就好了，不必費心讀經典，我經幾回「實驗」好像有點感應！

不提那些念佛打坐，也不談那些經典中深妙的義理，佛法在那裡？禪在那裡？無數高僧大德皆說，佛法就是吃飯睡覺，禪就是掃地泡茶。若然，吾人何必大老遠跑去佛光山求佛法，在家吃飯睡覺也是佛法，佛法不二，沒有差別。

掃地煎茶及針罷，更無餘事可留心；
山門有路人皆到，我戶無門那畔尋。

——唐・龍牙居遁

這首詩在說「生活就是佛法，生活就是禪。」修行就是要從生活中體驗，離開生活便沒有佛法，沒有禪，故說「掃地煎茶及針罷」，生活以外不應再有掛礙，故說「更無餘事可留心」。

「山門有路人皆到，我戶無門那畔尋」，有路人人可到，但不一定人人可以找到門，無門之門是大門，是四通八達的。似乎說，佛法是生活，那麼簡單，人人都在生活，但只有少數人可以從生活中找到佛法的「門」。明代的大思想家王陽明，他對佛法有深刻體驗：

飢來吃飯倦來眠，只此修行玄更玄；
說與世人渾不信，卻從身外覓神仙。

佛法就這麼簡單，世人渾不信，非要很遠的地方求取。曾有人問禪師，「我也在吃飯睡覺，也是修行嗎？」禪師搖搖頭說：「不然，你吃飯時，挑肥撿瘦，心不在焉，食不知味；你睡覺時，心中有事，輾轉反側，睡不安眠。可是我吃飯時，專心吃飯，菜根也是香的，不挑食，有什麼吃什麼；我睡覺時，心中無事，睡得安好。因此，同是吃飯睡覺，效果不一樣，境界也不同。」

這些大德從生活體驗說明佛法所在，我想主要還在提醒衆生，人人本俱佛性，佛在自己心中，不在高山叢林裡。故說「心生種種法生，心滅種種法滅」「平常心是道」等等道理，都因這顆心，悟了就是佛，迷了就是衆生。

確實，談佛法僧三寶，說聞思修三慧，論戒定慧三學，乃至身口意三業，那樣能離開生活？脫離了生活便什麼都不是！沒有佛，沒有禪。

世間最勝的，以前不懂的

人生到底怎樣最勝利、最稱勝？相信像我這種「四年一班」的男人，年青時碰到這問題，大多會回答事業成功和娶一心愛的女人，也就是事業愛情兩勝利，有了事業代表可以實現所有理想，不是世間最勝嗎？

而所謂事業成功，也要看行業。以我爲例，一個軍校生從入學開始，被教育要當名將、當將軍，多數學子畢業也以「幹到將軍」爲人生目標，爲獲取「將軍」名銜，幾乎到了不擇手段的境界，一切倫理道德正義全都可以不顧了，將軍乃世間最勝，勢在必取，志在必得！

中年以前我在這種「最勝的舞台」，看到血淋淋的爭鬥，獲取最勝的官位、最勝的財富、最勝的女人，都是正常的競爭，結果我是這些舞台上的敗兵！

中年後我來到台大，接觸佛法，發現另一種人間最勝，往昔未聞，也從無人告訴我，我又後悔怎沒早看到、早知道。在師父〈星雲說偈〉有詩：

信為丈夫最勝財，善法常修能利樂；
諸味之中實語最，於諸命中慧為勝。
——《根本說一切有部毘奈耶》

信是信心或信仰，實語是誠實的語言，慧是慧命。詩簡單明白，並無難解之處，真理在平凡中顯現，即不平凡，最能啓蒙人心。我明白這道理時，已年近五十了。實在是後知後覺者，而前半以上人生在不知不覺、渾渾噩噩中，回憶起來很可悲！當了幾十年的「人」，不知人之殊勝，直到聽師父講起：

欲成佛道度眾生，具心大力唯人能；
天龍修羅金翅蟒，神仙餘趣皆不足。
——菩提道次第論

只有人能成佛、廣度眾生的條件，可見人身之殊勝，師父也引佛說：「得人身者如爪上泥，失人身者如大地土」，以爪上泥和大地土之微少，強調得人身之不易，師父也用佛經上一隻盲龜的故事比喻人身難得，一隻盲龜每百年才浮出水面一次，且頭要從一塊海中漂的木頭孔中正好伸出，這機率極少。投胎爲人，而沒有成其他生物、餓鬼，已是功德，可見人身可貴。生而爲人，比佛門中的護法神天龍八部（天、龍、夜叉、修羅、金翅鳥、蟒、樂神、歌神），乃至神仙，都不及人的可貴。

生了如此可貴的人身要做何用？從小我受教要革命要當將軍，但對我而言卻走成一條毀滅之路。之後，說要開牧場做大事業、賺大錢，也都是嘴巴說說，到頭一場空，從不覺人身那裡可貴，倒覺可恨！年過半百了才知道人身可貴，是不是太晚了！

都是因果

這些年因接觸佛教，聽許多大師講因果，無形中自己也會按因果律想許多問題。想這輩子所有事，想小時候，想軍旅生涯在野戰部隊那些災難，想到了台灣大學的鹹魚翻身經過，想「梁又平事件」的發生⋯那件不是因果？所以怪來怪去都怪自己，怪自己德行不足、威望不夠、修行不到家，反正還要再努力。

今後仍要注意因果，尤其是「因」。雖然總覺得六十幾歲人了，來不及了，實在也不能這樣，能精進還是要精進，修得一分算一分。近日讀「星雲說偈」，師父引唐代寒山大士的詩：

生前太愚痴，不為今日悟；
今日如許貧，總是前生做。

今生又不修，來生還如故；
兩岸各無船，渺渺應難渡。

詩句淺白，涵意很深，不難理解。今生如此皆前世有因，今生若再不修，來生仍如故。末句「兩岸」指生死海的兩岸，如果都不好好修行，生死就得不到「可渡的船」。我們怎樣從此岸到彼岸？怎樣從生死到涅槃？怎樣能了脫生死？我們常說佛法是慈航普渡，就是渡我們生死。這一切又回到因果，今日不修，未來那得渡。電影〈達摩〉中，達摩東來說一詩：

欲知前世因，今生受者是；
欲知來世果，今生做者是。

所有科學研究離不開因果律，如A變項和B變項的關係，所以在短期內的因果，不難叫人相信，因不用功，所以考不上好大學；因沒吃飯，所以肚子餓。這是簡單的道理，容易說服人，也容易叫人相信、理解。

但把時間拉長到三世，乃至生生世世更久遠，我仍相信受因果支配。更多的人並不相信（佛教徒都相信，其他信者不多），這是我的觀察，然而，我也沒有能耐三言兩語說得讓人信，有興趣的人可看慧開法師著，《生命是一種連續函數》（台北：香海文化，二〇一四年七月）。這本書可以解開所有生命的秘密。

慧開法師是台大數學系畢業，星雲大師的高足，他所推動的「生死學」「善終」課題，已是台灣的顯學，目前正夯。他在《生命是一種連續函數》一書，主要探索（解決）的問題有：生死探索、輪迴的現代理解、現代生死學、生命的永續經營、生命的終極關懷。

有關因果、業的所有疑惑，專心看這本書，一定可以解開心中所有存疑，勸有緣看到本書的人，要好好讀。或有「鐵齒」的人，看了也不鐵齒了。

誰不怕死？不怖於生死

今年（二〇一四）八月，在佛光山佛學夏令營，第三天晚上師父在傳燈樓對所有學員講話。其實這幾年的夏令營，每次都有一晚是師父和大家話家常時間，不是正式的演講，大家問問題，師父邊解答邊天南地北說著。

這晚師父坐著輪椅出來（去年也是），輕鬆的聊著，他突然說，有一回去看病，醫生問大師怕不怕死？師父真幽默，他說：「出家幾十年了，人家左一句大師右一句大師的叫，若說怕死，豈不丟人！也不能說不怕死，誰不怕死啊！只好答說，死倒不見得怕，就是怕痛。」

到底要怎樣才能「不怕死」？接觸佛法實在太淺了，怎麼說呢？因果、業、解脫⋯⋯或是啥？師父在〈星雲說偈〉引一詩：

佛不見身知是佛，若實有知別無佛；
智者能知罪性空，坦然不怖於生死。
——《景德傳燈錄》

這首偈不易懂，怎樣叫「罪性空」？只能從字面解釋。「佛不見身知是佛」，佛不在身體、肉體、物質上，這些有生老病死的過程；人的身體是集貪瞋痴的世界，有分別的世界，不究竟的。佛超越凡夫的色身，修行到「法身」，法身具有普遍性、平等性，「遍滿虛空、充塞法界」，這才是真正的佛身。佛另有「報身、應身」，如「千江有水千江月」，隨緣應化的。

「若實有知別無佛」，佛不以科學、知識能理解或找到，因為知識來自分別，有了分別就找不到佛。佛，在無分別智中。這裡對我仍是有些玄，不好領會，略有所知而已。或說生死無別，減少自己的害怕心裡！

「智者能知罪性空」，師父解釋說，有智慧的人，明白身體是由罪業積聚而成的，但是罪業積聚的身體，本身沒有自性，是所謂「罪性本空」。如經上說：罪性本空由心造，心若滅時罪亦亡」。這對我也有些深，理解不多。至少我知道自己的身體是罪業積聚而成，「梁又平事件」之所以讓我很不舒服，久久不去，問題果然是自己罪業所致，智慧不足，修行不夠。啊！難啊！何時才能「坦然不怖於生死」？

人云身是假，我曰身是真；
藉此假面孔，廣種菩提因。

——《佛說解冤枉經》

如何把冤枉「解了」，或許認識「身是假」也是辦法之，若能進而廣種菩提因，有了好因，必有好果，人還會怕死嗎？你能「上求佛道、下化衆生」。你到了佛、菩薩的境界時，想必生死便不再是問題了。

佛陀賣花，給人歡喜

給人信心、給人歡喜、給人方便⋯⋯反正盡量給人，多給人，自己少取或不要，反而會得到更多。這樣的思維邏輯，在我成長受教育的過程中，聞所未聞，給人就是自己沒有人了，還說會得到更多，不通！不通！

捨——得，是近幾年聽佛光山大師們，尤其師父的說法才學到的觀念。但自己反省一下，仍學得半調子，例如我願意對台大捨，當了十幾年台大志工，算是有一點捨，因爲台大對我有恩。我卻不願意對四十四期的軍校同學捨，因爲軍旅太多不愉的記憶，以及很不舒服的同學關係，我只願意對「福心會」這個小圈圈捨。

可以見得，我的捨仍不是平等的、不普遍的、有分別的，距離所謂「菩薩道」，可能不止地球到火星的距離，差得遠。最近讀師父〈星雲說偈〉，一首詩叫我深思自己的問題。

木樨盈樹幻兼真，折贈家家拂俗塵；
莫怪靈山留一笑，如來原是賣花人。

——清．澄波

這首詩除了引出「靈山拈花」典故，主要在勉勵人學著做一朵花，普遍而平等的給人花香，給人愉快的感受。幽默的藉佛陀拈花傳道，提醒人們做靈山會上那朵花，給人喜悅芬芳。花的施捨，不分貴賤，不分敵我！

「木樨盈樹幻兼真，折贈家家拂俗塵」，木樨是桂花，滿樹花葉，四溢飄香，可以供佛，或擺放任何地方，都使現場氣氛高雅起來。在靈山會上，佛陀拈花，弟子大迦葉微微一笑，與佛接心，佛陀說：「我有正法眼藏，涅槃妙心，實相無相，微妙法門，不立文字，教外別傳，付囑摩訶迦葉。」佛法於焉得到傳承至今，這就是佛教史上有名的「靈山拈花」公案。

如來原是賣花人，我思索好多年，兩千多年前的靈山盛會，佛陀要找一個傳人，只拈一朵花，迦葉微笑，大位傳承於焉完成。我常想，其他人都不笑嗎？而迦葉或許正想到一件好事，笑容被佛看見了。

師父解這首詩說，做人何妨像一朵花，多給人欣賞、給人芬芳、給人美感、給人喜悅；反之，千萬不要像一根刺，逢人傷人、言語如刀、傷人而不自覺，是很可怕的事。這種「給」的哲學，師父另引一詩說：

世間諸有情，若了解惠施，
能感大果報，明見似如來。

這詩的核心意義在布施、喜捨，不論多少，只要有一顆真誠布施的心，就能感得大果報。一句好話、一個微笑，都是布施，可以讓人得到大利益。這些道理聽起來容易，做起來難，你能做到，你也是佛。

所以，無論如何！我們向大迦葉學習，學習笑容，佛的法身還是看得見。一個微笑、淺笑，應該是不難，甚至是很簡單吧！笑，也讓人生輕鬆些，不要太嚴肅。

有什麼好懺悔的？

懺悔，就是自己做錯了事，承認錯誤，向人道歉、坦白認錯。就這麼簡單，沒有什麼大道理。

說來很簡單的事，但據我一輩子觀察、感受，對所有的人而言，也幾乎比「登天還難」，人類的科技產品早已登天，且飛到太陽系以外的天。而只有做錯事的人，能很快道歉、認錯，未之有也，活到六十多歲了，聞所未聞，見所未見。故，叫人懺悔，不是比登天難嗎？

凡普遍所見，做錯皆不認錯，能拗盡量拗，能熬過就熬過，拖久了也就算了！過了！好像是贏了！以「梁又平事件」爲例，這麼久了，我原本「期待」梁同學能有個道歉，但沒有，月復一月，他沒有任何道歉或委婉說詞，全沒有。我只好利用一個聚會主動向他敬酒，化解不愉快。

畢竟我是佛教徒，師父的叮嚀我總該聽進一些，「給人方便、給人歡喜、給人信心！」梁又平事件發生以來，確實讓我對當時情境產生很不快樂的情緒。在這麼多人面前，都是老同學和嫂子們，如此的羞辱，而大家只是看著！看著！看著！沒有出面緩和場面者，許久才由李金島出來打圓場，讀了這麼多師父的作品，心情仍未能完全平復。看來療傷止痛還是要靠自己，偶然看到師父〈星雲說偈〉，引《心地觀經》中一首詩詩。

懺媽能延金剛壽，懺悔能入常樂宮；
懺悔能出三界獄，懺悔能開菩提華。

——《心地觀經》

一連四個「懺悔能」，強調懺悔的重要和好處多，然而凡夫能有幾個懂。「懺悔能延金剛壽」，懺悔能延長自己的壽命，如金剛不壞。真有其事乎？不太懂，身為信徒，只要「相信」，相信是真的。

「懺悔能入常樂宮」，這我相信，一個懂得認錯、懺悔的人會比較快樂。死不認錯，一味硬拗，執著計較，反而帶來更多煩惱。

「懺悔能出三界獄」，經由懺悔可減輕人的罪業，可慢慢脫離三界牢獄。而死不認錯，等於被罪業綑綁，難有解脫自在之日。「懺悔能開菩提華」，一切修行、修菩薩道，都要從自我懺悔開始，這我也相信。

佛教並不要求人要當「完人」，當無缺失、永不犯錯的人。佛教認為犯錯本身不嚴重，嚴重的是犯了錯不肯認錯，不知道修正，使錯誤持續才嚴重。懺悔如法水，蕩滌我們身心。罪業如鹽，清淨法水可以淡化我們的罪業，像一把鹽巴融化在一缸水裡。師父如是說法。

懺悔、認錯比登天難，幾乎人人做不到，梁又平做不到是自然的，我不能說我能做；但今後我會警惕自己，做佛教徒總得有幾分像！

追求，原來是不追求

像我這一代的男人（四年一班），年青時大多把人生的經營、目標，簡化成二大追求，或說人生二大努力方向：事業和愛情。

經半生努力，事實是否如此？這永遠沒有標準答案，每個人的答案也不同。就以年青時的「死黨四人組」（虞義輝、劉建民、張國英和我），我們雖曾有共同的理想（合理說應該只是幻想，因爲沒有任何可實踐性的「要件」，就只是一場夢。）每個人都走了不同的路，也等於完全沒有交集的路上。

別人不說，就說自己，來台大之前那幾十年，可以說徹底的渾渾噩噩，徹底的自我毀滅，但又不願毀了自己，掙扎著讀些書。這種人生困境，最近讀到師父〈星雲說偈〉，這首詩好像在說我，讓我不得不「對號入座」。

急急忙忙苦追求，寒寒暖暖度春秋；
朝朝暮暮營家計，昧昧昏昏白了頭；
是是非非何日了，煩煩惱惱幾時休；
明明白白一條路，萬萬千千不肯修。

——明．念菴

很多人的一生都如前三句，「明明白白一條路」指宗教信仰。但很多人無宗教信仰，且絕大多數的人在中年前，絕不會想到宗教信仰，只有極少數的有緣人會。所以明明白白一條路也可以是其他的路，有人啓蒙很早，很年青就明白自己的人生方向，很難得。而「萬萬千千不肯修」，通常是不明白自己的路，先天不足，後天不良，在黑暗中碰一鼻子灰，如我自己。

世事很弔詭，成敗有無難定論。從佛法、禪宗的思維，最大最成功的追求，就是「不追求」，如一枝「枯木」，任其成住壞空。師父引詩如是說：

摧殘枯木倚寒林，幾度逢春不變心；

樵客遇之猶不顧，郢人那得苦追尋。

——唐．大梅法常

或許這叫「無用之用」，真正詩意在勉勵人不要羨慕榮華富貴，要能安於淡泊，安於寂靜，守住自己的道，自然能安住身心。這是很難的，例如在官場上，不把別人鬥垮、鬥臭，自己那有機會上去。再者，古來都鼓勵人「學而優則任」，當大官追求榮華富貴是人生重要目標。我仔細觀察本期同學，上將、中將、少將、上校、中校以下，「身段」竟完全不一樣，極爲清楚，好像官階都寫在臉上。

只有像我這種從毀滅之路走來，又在台灣大學意外有個小翻身，才體會出原來人生最須要追求的，就是追求「不追求」。

後悔，造業自受

大師開示常提到「菩薩畏因、、衆生畏果」這句話，意思是說菩薩是從「因」上思考並解決問題，所以不怕有「惡果」出現。而衆生不知因果的厲害，不知不覺造了很多「惡因」，等到這些惡因顯現惡果報應，才開始害怕，開始後悔，已經來不及了！

確實，吾人看看世間絕大數人，別人的錢先拿來用了再說！美酒女人先享樂再說！名器先佔用再說！榮華富貴先擁有再說！內心不爽先罵罵人再說！管他什麼！先幹了再說！管他果報不果報！那是以後的事。這還只是從消極面看問題，爲何衆生畏果？始終活在後悔中。

另從積極面看問題也是，應作而不作，該做卻不行，例如忠孝仁愛、信義道德，該作而不作，遲早也會後悔。假如孟子的「良知良能」成立，那麼現在台灣關在大牢裡那些大奸巨惡（陳水扁、鄭捷、林益世、不久前那個桃園副縣長等），也都會感到後悔吧！

不應作而作，應作而不作，
悔惱火所燒，後世墮惡道。
——《大智度論》

這四句偈語若能深刻奉行，對人生幫助很大。該做的事（如行善、修行、布施等），能盡早做最佳；對不該作的事（所有壞事），也要盡早回頭。按佛法（按慧開法師說，佛法是一種自然法，如地心引力等）觀點，有因必有果，故有惡因必有惡果，且自造的因也必自承其果，別人無法取代。佛教界常有一句口語，「個人吃飯個人飽，個人修行個人了」，又說「個人造業個人擔」。凡此，都是一個道理，師父引《法句經》說：

如鐵自生鏽，生已自腐蝕，
犯罪者亦爾，自業導惡趣。

這四句偈說明一個自然法（佛法），無論誰造了惡因，都必須自承惡果，造業都是自做自受。所以我們要向菩薩學習「畏因」，慎之於始，防罪於未然。以「梁又平事件」

爲例，我先開口問「有沒有理監事名單？」或許他正想找一個「出氣桶」，發洩心中的不爽（那裡不爽，我當然不知道）。但我若早先「觀色」，知其不爽，便離他遠遠的，不要去「碰」這顆「炸藥」，便就沒事。

師父曾說平時就要警覺自己的身口意，才能做到不造業。尤其在律己、行慈、聞法、自在好好下功夫，就可以做到不造惡業。

再說「放下」

「放下」只有兩個字，卻是天大的難事，放眼全世界誰能百分百放下？回顧「梁又平事件」這麼久了！我也尚未全放下。我常常會不由自主的想起這個事件，乃至今年（二〇一四）八月「佛光山佛學夏令營」，我想著帶著這個「問題」（事件），上山找答案。

果然，第二天（八月三日）永中法師的課，課目是〈身心清淨的力量〉，三小時專講一個「定」字。在「修定的最重要法則」一節，引《相應部。根相應。第九經》說，「聖弟子以放下為目標而得到定，得到心專注一境。」永中法師補充說，願意改變自己做事方式的人，按佛說「放下」作為修行重點，他們的修行肯定會更快速和順利。

永中法師引述梵種長老所著的《修行的基本方法》，這本書對於「放下」有絕妙的闡釋。以下若能深思領悟，相信有助於任何人的「放下」。

第一、修行是達到放下的方法。在修行當中，應該放下外在複雜的世界，以便達到內在寧靜的世界……體驗這種超脫世間的清淨心是非常美妙與快樂的。

第二、努力的方向是朝向於放下，朝向於開展傾向捨棄的心。佛陀曾簡約開示：「心傾向於捨棄的修行者能夠輕易地成就定。」佛陀的意思是：成就深度修行與境界，主要的方法是願意捨棄、放下和出離。

第三、如果你放下所有的歷史，那麼我們全部都是平等與自在。我們要從種種限制中超脫出來，諸種束縛會讓我們無法培育由放下所產生的詳和寧靜。

第四、至於未來、預期、恐懼、計畫、期待……所有一切也全都放下。佛陀曾在談到未來時說：「無論你認爲事實將會變成怎樣，結果經常不是那樣。」智者知道未來是不確定、不可知、不可測的。

《金剛經》中有「三心不可得」說，過去心、現在心、未來心，皆不可得，故要放下，成爲「無住心」，才能身心自在自由。這是不容易的，用嘴說誰都會。

看來這簡單的「放下」二字，還真有天大的學問、天大的難處，凡夫俗子能修到什麼境界？在第一天慧開法師講〈人間佛教的戒定慧三學〉，針對「修行」有深入的說法。

所謂「修行」或「修道」者，即「修正行爲」和「修證道果」之義。前者就「資糧道」與「加行道」的眾生而言，係指修正「身、語、意」三業及「眼、耳、鼻、舌、身、意」六根的行爲；後者就「見道」和「修道」的行者而言，係指逐步斷惑證真，次第成就道果。

常常聽人說修行、說放下，但要如何放下？總有個方法。修行是達到放下的方法，若能修到歷史也放下，想必這世上就沒有統獨戰爭、沒有以阿世仇、沒有蓋達再去想要消滅美國，阿拉伯世界也不會要終結猶太人了。啊！放下，把歷史也放下吧！

我的人生二百歲，夠本了

「梁又平事件」我雖在所有理監事同學和夫人面前，受到難堪羞辱，卻因而刺激我長時間重讀師父的作品，尋求從佛法中得到平靜，撫平傷口。也透過書寫讀書感想，竟一不小心的寫了這麼多，說來該感謝梁又平，並不須要去討厭他，反正和他本來就沒有交往，一切任其自然，隨風吹雲飄吧！

最近讀師父的一篇文章〈人生三百歲〉，我很有感應，因為我覺得師父星雲大師能夠「人生三百歲」；那麼，我自信我的人生到現在是二百歲了，我夠本了！我這輩子都許多方面幾乎「考零分」，卻在某些地方得到「一百分」，讓我的人生二百歲。

先說師父的「人生三百歲」，師父在八十歲那年給自己一個評估，從二十歲開始工作，六十年來從無寒暑假、無年假或其他休假，每天一人做五人的工作，那麼六十年工作日，就等於三百歲。師父用什麼精神？什麼心態？可以維持這種動力！師父引一詩偈。

寢宿過是夜，壽命隨減少，
猶如少水魚，斯何有其樂。
——《金色童子因緣經》

詩很淺白，人人看了都懂，但不一定人人都能悟其深意。詩的主旨在說過了一天，壽命就少了一天，應把握時間活出價值、活出貢獻！不要在享樂中虛度了人生，很可惜！我在《漸凍勇士陳宏和劉學慧的傳奇故事》寫作過程中，因研究陳宏而看陳宏著的《自在少水魚》一書。我深感，自己也是一條「少水魚」，只是於自在不自在中掙扎！

再說我為何「人生二百歲」？我的少水魚生活從四十三歲那年（民83），到台灣大學鹹魚翻身開始。之前從軍校學生到十九年野戰部隊，除自己掙扎去讀些書，其他可謂荒廢、災難、摸索的交替，毫無成績可言，四十三歲之前的人生，是徹底的失敗！一役接一役的滑鐵盧！真慘不可回顧！許多陰影、傷痛，現在都揮之不去！再想下去，師父的作品全白讀了！

四十三歲到台大，即出版第一本書《決戰閏八月》，我也很快抓住人生的大方向主目標，當一個「專業作家」。此後的幾年間，我的生活徹底「修枝剪葉」（排除九成外面活動），爲黎明、幼獅、龍騰出版社，寫了十多本《國防通識》教科書（大學、高中職）。我自己的寫作計劃也嚴格執行，到今年（民 103）底，正式出版的書已到第八十二本。

對我而言，寫作完全是一種精神、情緒的「轉移」。世間我等凡夫，都在追求「有所得」，而我在其他方面無所得，只好「轉移陣地」，在寫作這條路上全力進行，以寫作充實人生內涵，如此而已。

二者相加（教科書和自己著作），八十三年至今正好二十年，我完成九十多本書，約一千二百萬字。較之於歷史上或當代作家一生成果，我兩百歲了！夠本！

人生眞正的財富

我們的社會風氣和流行，都從小教育人要賺大錢、當大官、做大事業。這些都可以概約叫「財富」，放眼看去，逐名爭利，不論合法非法，只要獲得一定財富，都是人生的成功。

全世界每年都有十大、百大、千大富豪排行榜，也等於鼓動全世界的人投入金錢競爭遊戲。但爲何沒有針對佛法所述這種「七聖財」，也有個排行榜？

但佛法講的「七聖財」，我前半輩子聞所未聞，初聞時還想不通「那也叫財富！」真是見鬼了！何謂「七聖財」？信仰、聞法、精進、持戒、慚愧、布施、定慧。此七者，聞法、精進、定慧三項可創造財富，常情俗理或說得通；但信仰、持戒、慚愧、布施可創造財富！就不易理解了。過了五十歲，我才領悟出這七者是人生真財富。若能早知這些真財富並奉行實踐，或許我早已「梁又平事件」吹不動！佛陀曾爲此七聖財說一偈語：

信財戒財，慚愧亦財，聞財施財，慧為七財。從信守戒，常淨觀法，慧而履行，奉教不忘。生有此財，不問男女，終已不貧，賢者識真。

這首偈語的意思是說，一個人只要奉行這七法，不會永遠貧困。不過，也唯有賢明的人能相信其真實性而奉行不渝。佛陀的言外之意也在指出，世間能相信奉行的只有「賢明的人」，但賢明的人本是世間的稀有動物。可能比稀有動物更稀有，例如貓熊最稀有，也尚有幾千隻，但從古至今能稱「賢明」者有幾人？

佛教認爲俗世所謂的財富，就算已登記在自己名下，歸自己所擁有，也還不是自己真能保有，而是與五家所共有。那「五家」共有？大水、大火、貪官污吏、盜賊、不孝子女。正好這兩天有一則新聞，有兩姊妹把老母從台中豐原騙來台北，說要奉養老母，結果把老母的二百多萬老本騙光光，又用車把老母送回豐原丟在路邊，老人家在路邊哭，被好心人發現後送到警察局…

以上七財中，最難領悟的是「慚愧」財，發覺自己有錯，生起反省、改過的力量。世上之人，不知見過多少？有誰見過一個肯認錯、反省、改過的人？就算有也是默默的作，而不會公開或向對方認錯、道歉！只能說真的極稀有才見珍貴。《佛遺教經》說：「慚愧之服，無上莊嚴。」希望世上能有較多智者，領悟出這種真理。

當然，人生還有很多財富，如親情、友情、愛情，每個人想要的不同。徐志摩要愛情，古龍要友情，很多人不要親情，而三者全有完滿者不多。

「信仰」是財富也算實在，《華嚴經》云：「信為道源功德母，長養一切諸善根。」在《大智度論》也說：「佛法大海，唯信能入，唯智能度。」都是真理。我們也常言道，信之則有，不信則無，信仰、信心可以創造財富，現在我已深深相信。

菩薩是怎樣交朋友的？

假如說有那一件事影響人的一生最大的，我想應該就是交朋友。每個人從出生後約兩三歲就開始學習交朋友，到離開這個世界，都在學習這門很普通的課，永無畢業（圓滿）之日。包括長袖善舞的立法院王金平，也還「戰戰兢兢，如臨深淵，如履薄冰。」否則，一不小心就大位不保！

確實，人生的那件事和朋友無關？工作、賺錢、佔缺、升官，乃至要做大事業，或一些快樂、悲傷…都會和你某些朋友有關。不是也說「獨樂樂不如衆樂樂」？快樂和朋友分享才是快樂。就是兩腿一蹬走了，多數人也希望有好朋友來送行，伴你走最後一段路。

拿「梁又平事件」爲例來解析，此事必然和「朋友關係」有關，而不是突發事件。他爲何不去咆哮別的同學？只對著我來！他有問題，我也要反省。正好最近讀到師父「菩薩交友」一篇文章。我好奇！到底菩薩是怎樣交朋友的？師父引一詩偈：

不以諛諂親善友，於人勝法無妒心；
他獲名譽常歡喜，不謗菩薩得無怨。
——《妙慧童女經》

到底菩薩是怎樣交朋友的？「不以諛諂親善友」，「善友」（君子、知心朋友、善友等，和這些「真朋友」交往，本來就不須阿諛諂曲、吹牛拍馬，而是相互尊重、平等相處、相互學習。但通常多用「美言、愛語」，似乎還是有用的。

「於人勝法無妒心」。朋友學問好、錢財多、事業大、智慧高，樣樣比自己好，如何相處？要能不嫉妒，要羨慕他、尊敬他。而且「他獲名譽常歡喜」，給朋友讚歎，要有「沾光」的心態。朋友之間要能相互成就，不嫉妒，能成人之美，朋友才交得下去。

「不謗菩薩得無怨」。師父解釋「菩薩」，並不單指佛堂大家膜拜的觀世音菩薩、地藏王菩薩。而是對於有道之人、聖賢、善人都可以叫菩薩，其實每個人都是菩薩，人皆有佛性，肯發心、有信心，自己就是菩薩。

菩薩也有大小、層次的不同，如學生有小學生、大學生等很多層級。若不能做大學生、大菩薩，至少可以做小學生、小菩薩。

所以，從最寬廣的解釋，我們不可隨便嫉妒、毀謗任何人（因任何人都是菩薩、佛），就不會造下惡業，自然與任何人交都無怨。

現在回頭反省「梁又平事件」，不談梁的問題，只檢討自己，若我真像一個菩薩，有菩薩心，使兩造無怨。如此，梁又平事件應不致於會發生？

人和佛到底差別何在？

梁又平事件發生後很久，我仍在想一個世人難解的習題，「我到底學佛學了什麼？我如果已學到佛，或至少學到一點像，這個事件應該不會發生！」因爲，人不論有多壞，會對著佛或像佛的人咆哮嗎？應該不會。那必是我沒學到佛，乃至根本一點「佛味」都沒有，才會碰到這顆「不定時炸彈」！

記得以前讀四書五經，也曾討論過人與禽獸差異有多少？由於考古學、進化論的流行，現代科學也同意人由最早的生物演化而來，猩猩更是人類的近親。因此，人性之中也尚在部份獸性。但人有佛性，科學上沒有論述，是佛陀的「發現」！

由這個命題引出「人和佛差別何在？」照佛教思想，人皆有佛性，師父常說「心佛及衆生，是三無差別」。卽然衆生和佛無差別，爲何衆生要學佛？爲何佛不來學衆生？這個問題師父引《華嚴經》一偈說：

心佛及衆生，是三無差別，
諸佛悉了知，一切從心轉。

——《華嚴經》

師父解說，我們的「心」包含十個法界，卽四聖（佛、菩薩、聲聞、緣覺）和六凡（天、人、阿修羅、地獄、餓鬼、畜生）。這四聖者和六凡夫同在一顆心，所以說心、佛、衆生，三無差別。師父常對信衆鼓舞，要直下承擔「我是佛！」就是這道理。

「諸佛悉了知，一切從心轉」，十方諸佛都了知，十法界的一切，都從心所轉，隨心所現。我國儒家思想、宋明理學，所述亦大致如是，所謂「舜何人也？余何人也？有爲者亦若是。」如此說來，我也可以是佛。師父另引一詩說：

衆生諸佛不相侵，山自高兮水自深；
萬別千差明底事，鷓鴣啼處百花新。

——《洞山悟本禪師語錄》

佛教所述人皆有佛性，大約如孟子的性善論，人皆有良知良能。所以執著不悟的衆生和覺悟真理的如來，本體並無不同，故不相侵。如高山深水，都孕育著大地，同是自然的組成，不必計較其差異，其實都是一如也！

「萬別千差明底事」，宇宙間萬事萬物千差萬別，但佛性相同，都各自圓滿，各自因緣果報。「鷓鴣啼處百花新」，從鷓鴣的叫聲中，可以嗅到春天百花綻放的芬芳；如果我們能泯除世間的分別意識，也能感受到生命處處有芬芳。

這首詩的本意在啓示我們，「我是佛！」衆生和佛是一不二，生佛一如，只有迷悟的不同；迷了是衆生，悟了就是佛。原來人和佛區別在這裡！所以人是要學佛的覺悟！只有悟了才是佛。

隨時準備死

最近一直在說師父的作品，也讀慧開法師的《生命是一種連續函數》這本名著，有關生死問題、生命無常，三世因果等，都和我近二十年（來台大後）的領悟，很有感應，故能感動我心。

回顧民國八十三年四月十六日（這天也是小女佳莉誕生日），我離開野戰部隊，到台灣大學報到等退伍。我身心俱疲，如一隻鬥敗的公雞、戰敗的狗、被黑白兩道追殺的逃亡者。這年，我四十三歲，人生沒希望，找不到方向，徹底的頹廢，四十多年的人生竟如此不堪，如此的荒廢了！

說來很神奇，一到台大不久竟「開悟」了！不知道是不是真開悟？反正想通了，過去的四十三年算荒廢了，未來一天要做三天事，因爲我突然覺得「來日不多」了！每一天都可能是人生的最後一天，明天的太陽我不一定看得到。不思議！不思議！不可思議！

到現在（民103）正好二十年，我竟完成了近一百部著作。讀了師父作品才有一股很深的感動，這偈如我心境：

生時所保惜，死則皆棄捐，
常當念如是，一心觀莫亂。

——《坐禪三昧經》

活著要愛惜生命！大限一來到，就要瀟灑的放下萬緣。「常當念如是，一心觀莫亂」，隨時要有面對死亡的準備，即隨時準備死，到了真正面對就能方寸不亂，才有益於到達西方佛國。如此一來，生能安然，死也能自在。這說來容易，實際上要對生死的無常觀，有更透澈的領悟才能做到自在。

世間無常，人命逝速，
喘息之間，猶亦難保。

——《長阿含經》

就是這種無常觀，讓我這二十年來，一天做三天事，寫了近一百本書，千多萬言。今年六十三歲了，當更感受生命的無常，不知有幾回，我讀著《四十二章經》第三十八章〈生即有滅：佛問沙門：人命在幾間？對曰：數日間。佛言：子未知道。復問一沙門：人命在幾間？對曰：飯食間。佛言：子未知道。復問一沙門：人命在幾間？對曰：呼吸間。佛言：善哉！子知道矣！〉

「無常」是佛法的基本思想（世間真理），除生死無常，也指宇宙間一切都無常。生活中一切皆無常，無人知下一秒會發生什麼？如高雄氣爆的前一秒有誰知道要爆炸了？是故：「梁又平事件」對我亦是無常，碰到就得認了！接受，當成一道「生活作業」，思考，學習！

說「業」：人死後會去那裡？

這個千古難解、難證，在許多人心中也是無解的習題，在慧開法師回答學生提問，像是輕鬆又簡單的問題。二〇〇五年，慧開法師擔任南華大學生死學系所主任兼人文學院院長時，有六位中山大學同學來訪，開門見山問：「人死後會去那裡？」法師笑答：「這個問題，只能由問的人自己回答。」

學生們都大惑不解說：「我們怎麼會知道死後去那裡？」法師說：「就像大學畢業後會去那裡？要問自己？還是問別人？」

真有那麼簡單乎？比喻簡潔有力，沒有錯，有如民間老者常說「萬般帶不走，只有業相隨」。業力決定了生命的最終去處。按慧開法師的名著《生命是一種連續函數》所述，決定一個人的未來生命有三方面因素：（一）個人過去身、口、意業力所累積的習氣；（二）自己對未來所懷抱的願景、方向與規劃；（三）個人當下的判斷、抉擇以及現在所做的努力。

總的說，人死後的去向主要決定在過去業力的牽引、未來願力的引導和開展、現在的努力。而用此比喻大學畢業去那裡也可以，不外過去累積的實力、未來願景和現在的努力。但很多「鐵齒」用這個比喻大概也聽不進去，因爲他不相信三世因果。

我碰到有人問三世因果，叫我證明，我皆不說不證，因爲我功力、修行遠的很，佛法的理解也差得遠，所說不足以服人，說錯更不好。想要知道生死真相的人，應該去求救高僧大德，自行去讀經。但實在說，因果根本就是自然法，種瓜得瓜，如地心引力存在的道理，不論善惡都有因果。師父在〈星雲說偈〉引述：

> 一切諸世間，皆有善惡業，
> 善惡生五道，業持衆生命。
>
> ——《大莊嚴論經》

按佛教理論，人因善惡不同會在天、人、地獄、餓鬼、畜生這五道輪迴，只有修到西方極樂世界才能脫離輪迴之苦，那是很不容易的。所以，人死後去那裡？應以天、人和極樂世界三處最佳吧！慧開法師說，問「人死後去那裡？」就像問「大學生」畢業去那裡？太籠統了。大家要關心的是「張三」或「李四」死後去那裡？乃至你自己死後要去那裡？若要去天堂、重回人類或西方極樂，現在就好好下功夫、做功課。平時不努力，「最後」才說要去天堂，那有那麼便宜的事？

業力或三世因果畢竟不是我這凡夫能說得清楚，趣者可看慧開法師著作，《生命是一種連續函數》（台北：香海文化，二〇一四年七月）。本書是我讀過對三世生命詮釋最好的著作，深值閱讀並典藏，一輩子讀之再讀！

慧開法師這本書讓我們知道死亡的真相，讓人提前了解人死後的生命，將可能前往何處！如此可以減低對死亡的恐懼，甚至無怖於生死。再進而，我們可以提早準備，提早修行。

這顆「心」很麻煩

若問天底下何者最麻煩？問題最大？大概可以說就是人「心」。天底下最狠毒、最邪惡、最可怕的，就是這顆「心」，如最毒的婦人「心」，狼子的野「心」。李登輝「當漢奸的心」，陳水扁「貪污的心」，鄭捷「殺人的心」，乃至世間所有愛恨情仇，都是來自人的心念。

反之，像文天祥、岳飛這種「成仁取義的心」，也還是人的心念。所以，人的這顆心太神奇、太複雜了，「梁又平事件」至今未放下，仍是做文章的好材料，也是因爲「我心有他」，利用他來看人心。怎樣看待人之「心」，心像什麼？師父在〈星雲說偈〉引經說：

心猶不調馬，如幻如猿猴，

無量因緣相，一切現所依。

——《達摩多羅禪經》

心如野馬、猿猴、幻境，難怪很麻煩，所以王陽明說：「擒山中之賊容易，擒心中之賊難。」佛教是比較唯心的，大師們常說「心生一切法生、心滅一切法滅」「三界唯心、萬法唯識」等語，這顆心真是太有學問，也太過複雜難解了。

「無量因緣相」、「一切現所依」，世間萬物那裡來？佛教認爲萬法從心生，就是說一切善惡都從心生出，一切唯心所現。《華嚴經》說：「心如工畫師，能畫種種物；五蘊悉從生，無法而不造。」可見你心想怎樣的世界，你的世界就是怎樣！

如此難以搞定的心，要怎樣管好？尤其怎樣心安、安心？世人絕大多數心中不安，不知自己一顆心如何才能放好？師父在〈星雲說偈〉引一詩曰：

大千一粟未為寬，打破娘生赤肉團；
萬法本閒人自鬧，更從何處覓心安？

——民國．寄禪

這是八指頭陀寄禪的詩偈，他是民國第一任中國佛教會會長，從小沒讀多少書，佛法都從悟性生。「大千一粟未爲寬」，大千世界也是滄海一粟，不去分別大小，只是互容。「打破娘生赤肉團」，是證悟父母未生我之前，何者是我本來面目？即佛性的證悟，大千世界就和自己本性一如了！

「萬法本閒人自鬧」，天下本無事，庸人自擾之，都是自己的心在吵鬧。所以「更從何處覓心安？」向外求，走遍五大洲三大洋也找不到，只有內求本心，找到本來面目，證了佛性，是唯一安心之道。

重新反省與人相處的特別深妙理

「梁又平事件」給我很大震憾，讓我對「特定對象」的朋友（認識很久而很生疏），產生了警覺心，今後要對這樣的對象調整接觸時的心態，自己不該太隨興（性）。

在梁又平事件上，我明顯的犯了「交淺言深」之大錯，怎麼說呢？

我和梁又平雖同是「陸官44期同學」，但本期同學六百多人，和我很熟又有交往的只有極少數，絕不超過十人。梁又平和我只能說「認識」，他「知道」我是同學，我也「知道」他是同學，我記憶中和他沒有任何「交往」或交談，也從未玩在一起。所以，只能說認識很久而很生疏的同學，談不上是朋友；或我自作多情、誤判情勢，把他當朋友，他並沒有把我當朋友。未來，自己應該更小心，對「認識很久而很生疏」的「朋友」，主動去「遭惹」是危險的！

從身為一個佛教徒的角色，自己也有很多要反省的。師父經常提到與人相處的「四攝法」，若全部都做到了，相信「梁又平事件」也不會發生。師父引《大寶積經》說法：

菩薩於衆生，能為饒益事，
以清淨四攝，普遍諸有中。

菩薩怎樣對待衆生？「能爲饒益事」，爲衆生做有益的事。比如說，給人得度的因緣，或加持、幫助。最重要是菩薩與衆生相處的「四攝法」：喜捨、利行、同事、愛語。

四攝第一是「喜捨，就是布施。一般人以爲布施就是「給錢」，這是千差萬錯的（有興趣的人可自己去看經典著作，了解何謂布施的三輪體空或布施功德等。）簡約的說，布施錢財、一個微笑、一個鼓勵、一句好話，只要誠心，都是布施。

「普遍諸有中」，指菩薩視衆生一視同仁，俱有普遍性，不論識或不識的人，一樣饒益，同體大悲。所以，若能以四攝法和有情衆生相處，應該就是所謂的行菩薩道，而利行、同事、愛語，可以說就是「未成佛道、先結人緣」的必要條件。

世間之事難在以大願力去躬行實踐，「菩薩道」，用說的誰不會？凡是有嘴的都說他會。而真能行菩薩道的人有幾？或條件放寬些，學得一成或二成像也行；再把條件放最寬，人皆有佛性，人人都可以是菩薩。

有一位高僧說過很有哲理的話，「人生所有人際關係不外四個情境：把自己當自己、把自己當別人、把別人當別人、把別人當自己。」聰明的讀者，你理解了嗎？

在「梁又平事件」上，我沈思、反省，交淺言深是不當的，今後不可以再「誤判情勢」。再者，四攝法自己力行了多少？是否光說不練？以後都要時時刻刻提醒自己，否則也等於自己不長進了！

原來還是個佛法的幼稚園

梁又平事件發生後，我一方面重讀師父的作品，也同時反思自己的問題。發覺，當了快十年的佛教徒，聽佛光山大師講經說法也不知多少回！為什麼還那麼容易被一個外界突如其來的「風」，吹得心頭煩亂？？？？？

《金剛經》讀了多少回了，〈如理實見分第五〉：「凡所有相，皆是虛妄，若見諸相非相，即見如來。」也就是說，梁又平也罷！陳福成也罷！這些「相」都是虛妄不實的，那有何好生氣的？在〈大乘正宗分第三〉又說：「若菩薩有我相、人相、衆生相，即非菩薩。」可見佛法的修行，「相」是一定要破除的。像我目前這麼容易被一個「假相」破壞了內心的平靜，等於是佛法的幼稚園，要修到何時才見如來？近讀師父〈星雲說偈〉也談修行，師父引詩曰：

勸君修道莫生瞋，法中無我亦無人；
欲識西方求淨土，會是塵中不染塵。

——《淨土五會念佛略法事儀讚》

修行者不能起瞋心，所謂「一念瞋心起，百萬障門開」，瞬間瞋心一生，燒掉整片功德林。「法中無我亦無人」，就是前面講的要破除所有「相」，有「我相」就會執著；有「人相」就會和人計較。故，人我相全都破除了，就能「同體共生」，人我一家。

「欲識西方求淨土，會是塵中不染塵」，想求得淨土，得到安身立命的歸宿，就不要讓自己染上六塵（色聲香味觸法），便不會遮蔽自己清淨的本性（佛性）。

「諸相非相、即見如來」，是何種境界？我不知道，因爲自己尚是佛法的幼稚園，說不上來那是何種情境？何種道理？要如何修才行？如《達摩》這部電影的對白：少林和尚問：「不是四大皆空嗎？」達摩不語敲一下和尚的頭。和尚說：「你怎麼打人？」達摩說：「不是空嗎？怎麼會有感覺？」⋯

所以，要修到「諸相非相」，不起瞋心，真不是說說就好了。不論好修難修，反正《金剛經》的話記著沒錯。師父說《金剛經》的四句偈是佛法的精髓：

一切有為法，如夢幻泡影，
如露亦如電，應作如是觀。

佛陀在世間說法四十九年，精髓就在這四句偈。因爲世間一切法相都是虛妄的、不實的、暫時的因緣假合，何必計較？我也好，梁又平也罷！都是因緣假合，不住於心，便無煩惱。

希望能自勉，向這條「佛道」前進，至少不能再退！

震撼：大科學家證明因果、輪迴

二〇一四年八月三十日的〈人間福報〉，這篇報導文章讓我很震撼，大科學家如何證明了佛法說的三世生命、因果、輪迴，和我這段時間讀的東西很契合。我很想叫更多人看到，所以以轉刊的心態讓我的「寡衆」讀者也看到。也許有衛道者說不合學術引用規定，但我的著作、寫作老早就定位成「公益」，定位在以文字宣揚理念，而不求私利，連著作權也放棄了。因此，以下圖文全部轉用，給更多人看。

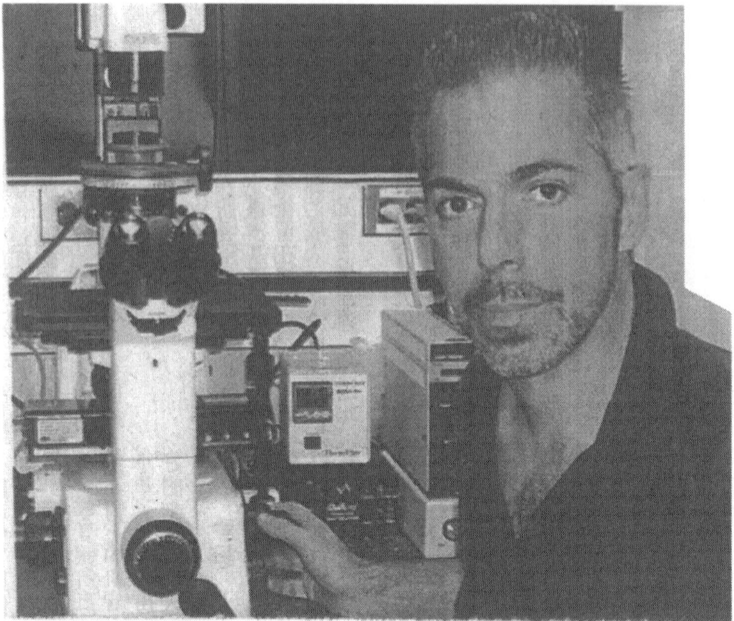

再生醫學權威蘭薩是《時代》雜誌今年年度百大影響力人物之一，他以量子力學證實「人死後還有生命」。

再生醫學權威蘭薩證實：死後尚有生命

文／楊慧莉　圖／取自網路

對於宇宙和生命的看法，科學界和宗教界向來涇渭分明，完全不同調，但遇到美國科學家蘭薩，之間的界線正在崩解。首先，這位被譽為「愛因斯坦第二」的科學奇才，已在運用幹細胞技術大顯神通，把聖經中「瞎眼能看見，瘸腿能行走……」的神蹟變成可預見的未來。接著，他又提出生物中心論，以量子力學證實死後仍有生命，並以多宇宙論點間接說明「永生」、「因果」、「生死輪迴」等宗教觀並非子虛烏有。

死後生命

量子力學顯意識

「死後成謎」是一般人對死後的見解，多數人相信大概也只有當兩腳一蹬時才會知道「死」是怎麼一回事吧！但蘭薩可不這麼認為！他的生物中心論提供新的關於生死的科學眼界，讓人及早明白事理，不僅生死無懼，還能選擇自己想過的人生。

多重宇宙展因緣、存永生

蘭薩的生物中心論奠基於量子力學的「多重宇宙」觀點，認為當下所發生的每件事在對等的多重宇宙中也同時進行，而人的意識感知會影響結果。

他以量子力學中的「雙縫實驗」說明人的感知會影響所見，讓人把射向兩條細縫的無數光斑看成兩條光帶；另以動物所處的空間為例，牠們住在六維空間裡，比人類的世界更精密，所見也一定與人類不同。

因此，所謂的「現實」只存在於意識之中，而且二十世紀的諾貝爾物理學家玻爾（Niels Bohr）早就說過「世界不可能被衡量，只能被創造」。換句話說，每個人用自己的感知創造自己所看到的世界，而且我們必須承受「選擇視角」所造成的後果。

此外，在多重宇宙中，「死亡」也非真實存在。死亡只是就肉體而言，是當下所處時空的意識幻象。一旦脫離這個時空界面，它就瞬間瓦解，變成可測出的二十瓦量子訊息在另一個世界重新開始。

因此，基督教說的「永生」確實存在，只不過它不在此生的有限時間內，而是超越時間，存在於好幾世裡。

死亡讓不同戲碼輪番上場

那麼，死後的生命會如何呢？蘭薩以自己看戲的心情為例說明。

他曾迷上《超人前傳》；由於每晚都看個兩三集，他發現自己漸漸深陷其中，感受劇中人物的七情六欲，與他們同喜同悲，但有一天全季播映完畢，感覺就像裡頭的人物全都死了，一切都結束了。就在他感到若有所失時，《實習醫師》一組完全不同的劇組人物陸續登場，悄悄地占據他的心思，最後完全攻占他的心房。

蘭薩覺得「死亡」就好比看完一齣好看的戲劇。當然，多重宇宙的劇碼規格要大得多，但從頭到尾都是你在經歷不同的生命、遇見不同的朋友和世界，死亡只是改變你的參考點。

夢裡與來自星星的你相聚

蘭薩對生死的看法讓人不禁想起先前轟動一時的韓劇《來自星星的你》。

當來自另一個星球的都教授（金秀賢飾）不忍與心愛的地球人千頌伊（全智賢飾）分別，而選擇留在地球時，千頌伊本來喜出望外，但在發現都教授繼續留在地球只有「死路」一條後，寧願他回到自己的星球，至少知道他還健在。就在兩難中，編劇安排了一個耐人尋味的結局：都教授先是離開，之後又成功回到地球與心愛人團聚，但超能力已不若從前，只能短路似的回來又消失，讓千頌伊分不清是真是假，以為自己在做夢。

回到現實人生，再對照蘭薩的生死觀，遠去的親人不都像是回到另個星球的都教授，繼續在那個空間活著？當偶爾夢見他們時，他們就猶如重回地球的都教授，回來探望自己的親人。思及此，想必任何經歷過喪親之痛者都會覺得蘭薩的觀點實在太撫慰人了。

科學人最引以為豪的選擇

事實上，蘭薩也曾歷經喪親之苦，他的姐姐好不容易苦盡甘來，卻在找到良人後發生車禍，最後竟失血而死。他之所以致力於再生醫學與提出新穎的生死論點，多少與這件傷心事有關。不過，他也同時「意識」到自己其實是在為此生做出最引以為豪的「選擇」，即盡己之力減輕人類的痛苦，讓世界更臻美好；藉此，活出自己所認同的科學觀點，尤其關注於那些能呈顯人性價值的生命細節。

瞎眼能見

再生醫學行神蹟

作爲幹細胞的研究學者，蘭薩一心想救人，不過有段很長的時間他卻成爲遭追殺的對象。當初，他與一群科學家成爲胚胎幹細胞研究的先驅。二〇〇一年，ACT執行長才一宣布人類胚胎複製技術將開啓醫學新紀元，隨即引發外界撻伐。爭議點在於產生幹細胞的過程中會破壞人類胚胎，等同害死一個小生命。但對科學家而言，那些胚胎只有六個細胞，尚未具有生命雛型。

爲了澄清誤解，蘭薩曾到一間教會解釋，一名教友對著他咆哮：「兇手！」後來，他出入還得雇用保鑣，免得小命不保。由於反對聲浪過於強烈，投資客收手、政府不列預算，沒了研究經費，一切停擺。後來，有個警察跑來找他，他以爲自己又有麻煩了，沒想到他是來求助的，因爲他兒子快失明了，他聽說幹細胞可以派上用場。蘭薩只好坦言：「我是有冷凍的幹細胞，但我沒有兩萬美元把它們實驗在老鼠身上。」

幹細胞進入人體實驗

儘管生命一度遭受威脅，但看到人們的需求，讓蘭薩更堅定自己當初的信念。歷經十年，他和團隊研發出用「成體幹細胞」培育出誘導性多功能幹細胞（簡稱iPS細胞）的技術，而且已於三年前首次進入人體實驗，爲兩名已被定義爲法定盲人的自願者治療。由眼科醫師史瓦茨（Steven Schwartz）領導的研究人員將約五萬個取自蘭薩的細胞工廠的視網膜色素上皮層細胞（簡稱RPE）植入患者眼中，讓它們隨著健康細胞順利成長。

歷經四個月的實驗期，患者的視力出現明顯改善。罹患乾性老年性黃斑部病變的七十八歲婦人在實驗開始的六周後，即可讀出視力量表上的字母，並於多年後第一次上街購物；另一位罹患眼底黃斑變性症（亦稱斯特格氏症）的平面設計師，一個月後不再需要放大鏡讀字，還可穿針引線。

對再生醫學充滿希望

此外，蘭薩的眼疾治療還有一個優點，它不直接使用iPS細胞，而是用它製造血小板再去培育RPE，血小板因無細胞核可避免發生腫瘤病變。他的iPS細胞血小板技術也將讓未來的急診室不再發生血荒。目前，他還研發出間質幹細胞，這種細胞將治癒慢性疼痛、關節炎和帕金森症。

現在，只要談起再生醫學的未來，蘭薩眼睛立刻發亮，興致盎然，一如當年。那時，ACT在雇用他研發胚胎幹細胞之前，給了他一個任務，要他獲得美國境內所有諾貝爾獎得主的支持。於是，蘭薩讓傳真機上線，不久他的桌上就出現了七十位諾貝爾得主的同意簽名。

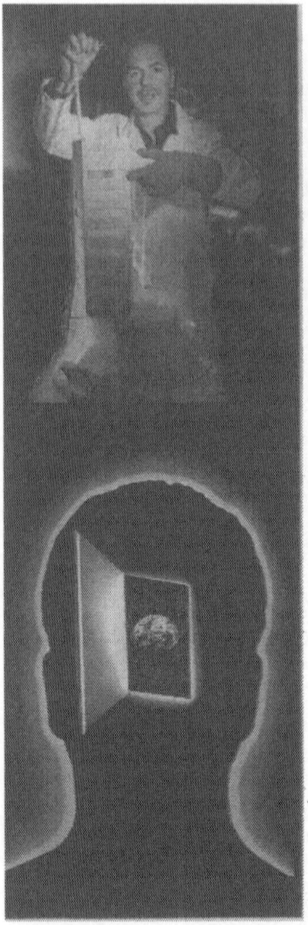

蘭薩的幹細胞研究已進入人體實驗階段。

蘭薩的生物中心論主張：生命創造宇宙，個人意識主宰一切。

生命軌跡

從C段班到首席科學家

羅伯特·蘭薩（Robert Lanza, 1956–）出生於波士頓，家境貧寒。他與當職業賭徒的父親保持距離，與母親關係緊繃。兒時，除了吃飯睡覺，他多半在戶外遊蕩，沉浸於大自然的奧祕中，常在半夜醒來，夢想有朝一日成為科學家。然而，現實卻與他的夢想相去甚遠。

扭轉C段班命運

當時，他的學校依學習力把學生分成A、B、C三級。很不幸的，蘭薩落在C級，他最要好的朋友則在A級。起初，他很苦惱，便在見到好友母親時，問她：「妳覺得我有沒有可能成為科學家？如果我努力用功，當得了醫師嗎？」沒想到對方這麼回答他：「老天，怎麼可能？我還沒聽過有人在C段班可以當上醫師的，倒是可以考慮當個好木匠、好水管工……」這一番話反而讓蘭薩鬥志大發。

第二天，他決定參加學校年度科展。當時，基因密碼也才破解不久，他就決定在雞的基因構造上動手腳，把原本的白雞變成黑雞。當他向老師們說出此意圖，他們都嗤之以鼻，直呼「不可能」。科展前，班上除了一位同學鼓勵他，其他同學都等著看他笑話。

結果，他的實驗成功，贏得年度科展第一名，不僅為自己去掉「C段班」的標籤，也為母親扳回顏面，讓校長當著全校的面恭喜她。先前，他曾因故被退學，校長曾挖苦他母親，說她不配為人母。

科學大門為君開

由於中學老師的不同態度，蘭薩曾為了「白雞變黑雞」的實驗「直達天聽」，跑去找哈佛大學教授尋求支持。他在哈佛醫學院門口停車場遇到一位身材短小、禿頂無毛的傢伙，此人身著卡其褲，手上一串鑰匙，不僅為他打開哈佛那扇科學大門，還讓他搬進來自己的實驗。

當時，蘭薩以為這好心的開門人是一名工友，後來才知他正是知名的神經生理學家庫夫勒（Stephen Kuffler）。不消說，蘭薩終於找到「知音」，「雞」的實驗不僅後來登上《自然》雜誌，還成為他科學生涯的開始，讓科學界及早識出這位「明日之星」。

蘭薩的聰慧和卑微出身讓人不禁想起《心靈捕手》中的數學奇才杭汀（右，麥特戴蒙飾）。

蘭薩後來念了賓州大學，拿到醫學學位後，曾師從史上首位執行心臟移植手術的外科醫師伯納德（Christiaan Barnard）、一九五〇年代研發小兒麻痺疫苗的索爾克（Jonas Salk）和心理學家史金納（B. F. Skinner），並與他們共事長達十年。

見稱於生命科學

一九九六年，世界首隻複製羊桃莉在英國誕生，蘭薩馬上意識到醫學新紀元的來臨：未來，人類將可藉助複製的幹細胞技術修補受損器官、治癒疾病。於是，他與一群科學家投入胚胎幹細胞的研究，為再生醫學揭開序幕。但由於胚胎已具生命雛型，研究隨即引發道德、倫理上的爭議，一度停擺。所幸，歷經十年的奮戰，蘭薩另闢蹊徑，研發出一種與胚胎無涉且更安全的幹細胞治療，再生醫學才重露曙光。

之後，蘭薩又以多年的研究心得提出「生物中心論」，宣稱「生命創造宇宙，有個人意識才有宇宙的存在」，並以量子力學預測到肉體活動以外的能量訊息，證實意識（又稱靈魂）不死。他的觀點顛覆傳統認知，震驚科學界。

亮眼的科學成就

而今，蘭薩是醫師、科學家、先進細胞科技公司（Advanced Cell Technology，簡稱ACT）的科學長，以及維克森林醫學院（Wake Forest University School of Medicine）的教授，以幹細胞研究、組織工程學等生物科技領域在科學界占有重要一席之地。

蘭薩的際遇和出身讓人想起《心靈捕手》中那位同樣操著麻州口音的數學奇才杭汀（麥特戴蒙飾），蘭薩彷彿就是杭汀的現實化身，他的良師則認為他的天分與愛因斯坦不相上下。不管如何，蘭薩都以今日的科學成就向好友母親證明：「C段班的學生也能當醫師，成為科學家。」

再讀《金剛經》之一

梁又平事件發生以來，我慢慢驚覺這個事件也是一個檢驗標準，一者證明了自己瞬間破功；再者證明自己名爲佛教徒，對佛法的認知和實踐竟還是幼稚園程度；三者以此事件爲「鏡」，利用此一機會反照自己，看看能照見什麼？

讀完一些師父的作品，也寫下讀書心得。再進而，重讀《金剛經》，原典有很多看不懂的，所以還是讀師父的詮釋本，《成就的祕訣：金剛經》（台北：有鹿文化，二〇一一年二月二十一日）初版第三十五刷）。

《金剛經》藉由佛陀與座下「解空第一」的弟子須菩提的問答，闡揚「一切法無我、一切法皆空」的般若空性。一旦證悟了「空」、通透了「般若」，便能人間、出世入世皆受用，皆得成就。

法會因由分第一

如是我聞：一時，佛在舍衛國祇樹給狐獨園，與大比丘衆千二百五十人俱。爾時，世尊食時，著衣持鉢，入舍衛大城乞食。於其城中，次第乞已，還至本處。飯食訖，收衣鉢，洗足已，敷座而坐。

經文淺白，並無難解之處。但多年前第一次讀時，讓我很震撼、不解，想著「佛還要吃飯嗎？」尤其還要親自去「乞食」，不是都由弟子「供養」就好了！凡此等等。原來傳統社會中，對佛、菩薩的印象，來自《西遊記》一書，認爲釋迦牟尼佛、觀世音菩薩已是「最高級的神」，早已不食人間煙火，那裡還須要吃飯？更不可能去乞食！

後來聽大師開示，原來經文顯示佛也是一個「活生生的人」，從人的覺悟才成佛的，佛並不是「神」，佛教也是無神論。佛陀和人一樣，也須要食衣住行。

善現啓請分第二

時長老須菩提，在大衆中，即從座起，偏袒右肩，右膝著地，合掌恭敬，而白佛言：「希有世尊，如來善護念諸菩薩，善付囑諸菩薩。世尊！善男子，善女人，發阿耨多羅三藐三菩提心，云何應住？云何降伏其心？」佛言：「善哉！善哉！須菩提！如汝所說，如來善護念諸菩薩，善付囑諸菩薩。汝今諦聽，當為汝說。善男子，善女人，發阿耨多羅三藐三菩提心，應如是住，如是降伏其心。」「唯然，世尊！願樂欲聞。」

先說這位須菩提是誰？他是十八羅漢之一，從小智慧過人但脾氣暴躁，後聽佛陀說瞋恚的過患，悔過懺罪，成爲最不喜歡與爭論的比丘。佛陀曾至忉利天爲母說法，歸返人間時，蓮華色比丘尼以神通搶第一迎接佛陀。佛陀表示，須菩提在耆闍崛山觀諸法空性，了知空義，才是最先迎接佛陀的人。其善解空理，被譽爲解空第一。

「阿耨多羅三藐三菩提心」是無上正等正覺的菩提心。須菩提先禮贊佛陀「世間稀有的佛陀，善於愛護、教導諸菩薩」，同時問佛陀：「有人發無上正等正覺的菩提心，如何才能安住菩提心？如何才能降伏妄心？」

佛陀說：「須菩提！正如你所說，佛陀善於愛護顧念諸菩薩。我現在爲你們解說，發了無上正等正覺的菩提心，如何安住菩提心？如何降伏妄心？」這段經文也不難，如學生發問，老師很高興要回答。

大乘正宗分第三

佛告須菩提：「諸菩薩摩訶薩，應如是降伏其心：所有一切衆生之類，若卵生、若胎生、若濕生、若化生；若有色、若無色；若有想、若無想、若非有想非無想，我皆令人無餘涅槃而滅度之。如是滅度無量無數無邊衆生，實無衆生得滅度者。何以故？須菩提！若菩薩有我相、人相、衆生相、壽者相，即非菩薩。」

佛法文詞較難懂的，如《心經》：「不生不滅，不垢不淨，不增不減⋯無智亦無得，以無所得故⋯」明明有所得，爲何說無所得？明明是佛在說法，爲何說非佛說法？似乎聽慧開法師過，佛法是宇宙間的自然法，因果、輪迴，都如地心引力，本來如是，不因佛不說而不存在，所以非佛說法。

這節經文的道理亦同，不論那類衆生，要降伏妄心，都要使他們進入涅槃的境界，了斷一切苦報、煩惱，度過生死海，到達不生不滅的「涅槃」境界。這麼多衆生都度了，佛卻說沒有一個衆生爲佛所度。

這是什麼緣故？佛問須菩提。佛說出了重點，就是要破除一切相，若菩薩妄執有我、人、衆生、壽者四相的分別，就不能叫菩薩。

爲何說「實無眾生得滅度者」？因爲眾生皆有佛性，眾生亦是佛，自性本來就清淨，不須要誰去度滅他。

爲何要做到無人我相、無分別心，按我的領悟應是爲了「人我一體」，所謂的「無緣大慈、同體大悲」。通常我們只和「有緣人」往來，只有對有緣人有慈悲心；但破除人我相後，不論有緣無緣，不論阿狗阿貓，都能一視同仁，平等普度，這是何種境界？

妙行無住分第四

「復次，須菩提！菩薩於法，應無所住行於布施。所謂不住色布施，不住聲香味觸法布施。須菩提！菩薩應如是布施，不住於相。何以故？若菩薩不住相布施，其福德不可思量。須菩提！於意云何？東方虛空可思量不？」「不也，世尊！」「須菩提！南西北方四維上下虛空可思量不？」「不也，世尊！」「須菩提！菩薩無住相布施，福德亦復如是不可思量。須菩提！菩薩但應如所教住。」

佛教鼓勵人要布施，認為布施的功德很大，布施的最高境界是「三輪體空」，行布施後要能「無布施者、無受施者、無布施物」。這裡的「無」是忘記，不執著於相，例如布施給路邊乞食者百元，過後即忘有此事（不放心上）、忘誰是受施者、忘有布施一事。其核心意義，也在叫人破除一切相，應無所住，完全不執著，這個「無所住」，我想了好幾年，至今才悟到一點點。

六祖惠能大師認為，「無住者乃人之本性，即於諸法上念念不住。」才能達到自在解脫，故無住心就是清淨心、佛心、禪心。而無住性，就是佛性、空性，實乃宇宙真理，緣起性空也。

佛告訴須菩提，一切諸法其性本空，世間一切都不能執著，在此無住中修行布施，才能利益眾生；也就是不住「色聲香味觸法」這六塵，而行布施，此無相布施的福德不可思量。佛陀引虛空為例說，菩薩領悟了三輪體空，能行無相布施，其福德也和四方虛空一樣，不可思量。只有按此教法如是修行，才能真正安住在清淨的菩提心。

註：十八羅漢是：大迦葉、舍利弗、須菩提、降龍羅漢、迦旃延、周利槃陀伽、賓頭盧、羅睺羅、大愛道比丘尼、阿那律、阿難陀、富樓那、伏虎羅漢、迦留陀夷、目犍連、優波離、妙賢比丘尼、蓮華色比丘尼。都是證悟四果之尊者。

再讀《金剛經》之二

我大約在四十初頭以前，沒有「布施」的觀念，布施和樂捐、贊助等，有本質上的不同。我設想可能是功德、三輪體空理念上的不同，這須要高僧大德才說得清楚明白，有機會再請大師開示。

如理實見分第五

「須菩提！於意云何？可以身相見如來不？」「不也，世尊！不可以身相得見如來。何以故？如來所說身相，即非身相。」佛告須菩提：「凡所有相，皆是虛妄。若見諸相非相，即見如來。」

這段對話很玄妙，不易領悟，就算知道佛在說什麼！領悟也有深淺，我聽、讀幾十回，還不能說懂得多深入。至少感受到兩個「活生生的人」在對話，我也是聽衆之一。佛問須菩提，可以身相見佛陀嗎？

這裡有點奇，須菩提與佛陀對話當下那一刻，不就是以「身相」見如來？而此刻的如來也是一個「身相」，佛陀爲什麼還說不可以身相見？

爲什麼？因爲佛陀所說的身相是色身，色身是地水風火的假合，是因緣生滅的，是無常的，虛妄不實的，破除所有相，而以「法身」見如來，才是永恆的，不生不滅的。佛陀告訴須菩提，不僅佛身是虛妄不實的，世間所有諸相也都是因緣生滅，都是虛妄不實的；若能澈悟世間虛妄的本質，就能見到佛陀的法身了。

啊！讀到這裡，閉目深思，怎麼連佛身也是假的！也是虛妄不實的！那梁又平、陳福成，更是假的，更是虛妄不實的！

正信希有分第六

須菩提白佛言：「世尊！頗有衆生，得聞如是言說章句，生實信不？」佛告須菩提：「莫作是說。如來滅後後五百歲，有持戒修福者，於此章句，能生信心，以此為實。當知是人，不於一佛二佛三四五佛而種善根，已於無量千萬佛所種諸善根，聞是章句，乃至一念生淨信者，須菩提！如來悉知悉見，是諸眾生，得如是無量福德。何以故？是諸眾生，無復我相、人相、眾生相、壽者相。無法相，亦無非法相。何以故？是諸眾生，若心取相，即為著我、人、眾生、壽者。若取法相，即著我、人、眾生、壽者。若取非法相，即著我、人、眾生、壽者。是故不應取法，不應取非法。以是義故，如來常說，汝等比丘，知我說法，如筏喻者，法尚應捨，何況非法。」

這段經文也不易理解，但仍不外說一切「相」都要捨棄，不論「法相」或「非法相」都不能執著；即是說，「法」和「非法」都不執著。大師常說「不思善、不思惡」大概如是，所謂「無住」，不住於左、不住於右、不住於善、不住於惡，惟覺老和尚稱之「中道精神」。

須菩提問佛陀：「後世眾生聽了佛說章句，能不能生起信心？」佛陀聽了有下面較長的回答。

在佛陀滅度後後五百歲，這「後後五百歲」指何時？佛涅槃後五百年（我國漢朝中葉）？或第五個五百年（廿一世紀的現在）？按師父的著作指現在。

所謂「無我相、無人相、無眾生相、無壽者相」，玄奘法師曾解說：「無我想轉、無有情想、無命者想、無士夫想、無補特伽羅想（無人我想）、無意生想、無摩納婆想（無勝妙之我想）、無作者想、無受者想轉。」（引心保和尚說）。

佛滅度「後後五百年」，有持戒修福者，讀到佛說章句，能領悟無住妙義，生出真實信心者。這些人不止已在一二三四五佛那裡種了善根，且在多生劫以來聽聞佛法也種了善根，現在才有這因緣體悟無住妙義，乃至一念之間生起清淨信心。這些善根眾生，會有無限福德。

這是什麼道理？因爲他們不執著於我、人、衆生、壽者四相的對待分別，不論「法相」或「非法相」都不執著了！

這是什麼道理？如果衆生在一念之間，在相上執著，就會落於四相的對待分別中；同樣的，執著於法相即落四相，執著於「無法相」亦落四相。這個意思，法和非法、空和有都不能執著。

佛陀比喻，佛法如河上的舟船，人渡到彼岸，就應該捨棄舟船，而不再揹負著舟船，那多辛苦啊！

無得無說分第七

「須菩提！於意云何？如來得阿耨多羅三藐三菩提耶？如來有所說法耶？」須菩提言：「如我解佛所說義，無有定法名阿耨多羅三藐三菩提，亦無有定法如來可說。何以故？如來所說法，皆不可取、不可說、非法、非非法。所以者何？一切賢聖皆以無為法而有差別。」

佛法有時很詭異，明明佛陀在世說法四十九年，卻常說「佛陀無法可說」，如這段經文。佛問：「須菩提！你認爲如來已證得無上正等正覺嗎？如來有所說法嗎？」若佛陀問我，我必然答說：「當然已證得，如來有所說法，且說了四十九年！」

而須菩提未肯定說有，反而說如來所說法，皆不可取、不可說、非法、非非法；尤其「如來所說法、皆不可取」說法，是否把佛法推翻了？否定了？應該說佛說的法也不能執著，不能執著於某種「定法」。

依法出生分第八

「須菩提！於意云何？若人滿三千大世界七寶以用布施，是人所得福德，寧為多不？」須菩提言：「甚多，世尊！何以故？是福德即非福德性，是故如來說福德多。」「若復有人，於此經中受持，乃至四句偈等，為他人說，其福勝彼。何以故？須菩提！一切諸佛及諸佛阿耨多羅三藐三菩提法，皆從此經出。須菩提！所謂佛法者，即非佛法。」

佛經常講到三千大世界，到底有多大？聖嚴法師解釋說，一個大千世界由一千小世界，累進千倍爲中千，再累進千倍，經三次千數的累進而成，所以叫三千大世界。對我而言，難以理解有多大，比宇宙還大，佛陀只是比喻把三千大世界的財寶用來布施，這功德福報極大了，但也還沒有信受奉持這部《金剛經》來的更大更勝；即使只是受持經中的四句偈，而爲人解說，福德也勝過七寶布施。

這又是什麼緣故？因爲十方一切諸佛都由此經出生，此般若法爲諸佛之母；若無此經，就沒有十方一切諸佛，也沒有成佛的無上正等正覺法。

佛陀對須菩提強調，佛法不過隨順世俗而立的假名，並非真實的佛法，只是爲衆生開悟的方便言說。佛法者，不要執著在佛法上。

「佛法不過隨順世俗而立的假名，並非真實的佛法」，這裡要小心！那真實的佛法又在那裡？「真名」又何在？這裡很容易叫人陷於迷陣中，連佛陀自己都說「所謂佛法者，即非佛法。」甚至認爲佛法只是隨順衆生而立的「假名」。若再看前節，「相」和「非相」都是虛，要破除；「法」和「非法」皆不可取，思索其旨意，應不難理解本節涵意。

再讀《金剛經》之三

一相無相分第九

「須菩提！於意云何？須陀洹能作是念，我得須陀洹果不？」須菩提言：「不也，世尊！何以故？須陀洹名為入流，而無所入，不入色聲香味觸法，是名須陀洹。」「須菩提！於意云何？斯陀含能作是念，我得斯陀含果不？」須菩提言：「不也，世尊！何以故？斯陀含名一往來，而實無往來，是名斯陀含。」「須菩提！於意云何？阿那含能作是念，我得阿那含果不？」須菩提言：「不也，世尊？何以故？阿那含名為不來，而實無不來，是名阿那含。」「須菩提！於意云何？阿羅漢能作是念，我得阿羅漢道不？」須菩提言：「不也，世尊！何以故？實無有法名阿羅漢。世尊！若阿羅漢作是念，我得阿羅漢道，即為著我、人、衆生、壽者。世尊！佛說我得無諍三昧，人中最為第一，是第一離欲阿羅漢。世尊！我不作是念，我是離欲阿羅漢。世尊！我若作是念，我得阿羅漢道，世尊則不說須菩提是樂阿蘭那行者，以須菩提實無所行，而名須菩提是樂阿蘭那行。」

佛法表達的思維邏輯、造語構句，大多讀起來很有文學性、趣味性，明明是有，即是無；明明佛說法，即說佛未說一法。如〈一相無相分第九〉亦是，換成世俗學位比喻，某人拿了博士學位，卻要警示某人，不可以有「我得到博士學位」的念頭。這真是很有啓示性，一種逆向思考，試想，某人拿了博士，便念著自以爲是博士，眼睛跑到頭頂上了，拿博士反而害了自己；反之，用佛的思維，拿到博士而更加謙虛，身上看不到一點「階級」相，他這個博士必定更加受人尊敬。

佛陀問須菩提：「須陀洹會生起『我已證得須陀洹果』這樣的心念嗎？」

須菩提回答：「不會的，佛陀！爲什麼呢？『須陀洹』的意思是『入聖流』，但因諸法空性，故無所入，不執著於色聲香味觸法這六塵境相，心不隨境相流轉，才叫作『須陀洹』。」

再下來「證得斯陀含果」、「證得阿那含果」、「證得阿羅漢果」都是一個道理，證得果位，而不可有證得果位的「心念」。例如，「阿那含」的意思是「不來」，三果阿那含會永久住在色界四禪天，不再來人間，故名「不來」。但證者心中沒有來或不來的分別，才是「阿那含」，若有證得果位之心念，即執著於不來之相，也就不能叫「阿那含」了。「阿羅漢」亦是，若阿羅漢有了「我得阿羅漢」的念頭，就落入我、人、眾生、壽者等相的分別對待，也不可以叫「阿羅漢」了。

須菩提是證悟四果之聖者，深知其中妙道，所以佛陀贊美他是羅漢中第一離欲的阿羅漢，他並沒有「我是離欲羅漢」的念頭；若他有念頭，佛陀也不會稱他「阿羅漢」，也不會讚歎他是歡喜修阿蘭行。須菩提自己也確實不起修行的心相，妄念不生，須菩提才能稱名是快樂的修阿蘭那行！

轉回世俗理念也通用，若一個人非常執著於拿博士，博士之名充溢心念之中，他可能就要「苦讀」。拿到博士後因得之不易，也必然牽掛著博士「頭銜」，要人叫他某某博士，不叫就不高興。反之，另一個拿博士的總是隨順因緣，並不把博士放在心上、掛在嘴上，他就是一個層次更高的人。

莊嚴淨土分第十

佛告須菩提：「於意云何？如來昔在然燈佛所，於法有所得不？」「不也，世尊！如來在然燈佛所，於法實無所得。」「須菩提！於意云何？菩薩莊嚴佛土不？」「不也，世尊！何以故？莊嚴佛土者，即非莊嚴，是名莊嚴。」「是故須菩提，諸菩薩摩訶薩應如是生清淨心，不應住色生心，不應住聲香味觸法生心，應無所住而生其心。須菩提！譬如有人，身如須彌山王，於意云何？是身為大不？」須菩提言：「甚大！世尊！何以故？佛說非身，是名大身。」

這節構句再用上類似詩語言的衝突之美，形成「矛盾中的統一」，如「無所得」「莊嚴佛土者，即非莊嚴，是名莊嚴。」等。也算是把《心經》中的「無所得」思想，再進一步詮釋。當然，這裡講的是佛法，不離「凡所有相、皆是虛妄」之本旨，體現佛法的空性、無相，諸相非相，即見如來的道理。

佛陀問須菩提：「你認爲佛陀以前在然燈佛所時，有沒有得到什麼成佛妙法？」「有。」若按世俗法，老師問學生這類問題，學生必然說有所得，沒有這麼「白目」

的學生，敢說老師「無所得」！他不想混了！

而須菩提的回答是「無所得」，「如來在然燈佛所，於法實無所得。」爲何連佛陀也無所得？因爲諸法實相本是清淨，無可說，亦無可成佛之妙法。所以，六祖惠能大師贊嘆，何其清淨！何其自性！就是這個道理。若有「得」之心念，就會執著於得，不能和真如實相契合。後面的「莊嚴、非莊嚴」，也是一個道理！

菩薩莊嚴佛土，只是度化衆生的權宜方便，若存「莊嚴佛土」心念，就會執著於相。著相的莊嚴佛土，落入世間的有漏福德（如梁武帝），非真正莊嚴佛土。「莊嚴」不過是一個權立的名相，爲度生之方便，出家人爲何穿著要莊嚴？原來是爲度人的方便。

所以佛陀提示須菩提，不要執著在六塵，應無所住，才能生起清淨心，心無所住就是菩提自性。佛陀又問須菩提：「人身如須彌山高大，他的身體算不算大？」就色身言，當然很大，但大小是世間法的分別心而生的，這是執著、有相的。而佛陀所說的無相法身，沒有大小，不可丈量，如宇宙虛空，可涵蓋一切。

無為福勝分第十一

「須菩提！如恒河中所有沙數，如是沙等恒河，於意云何？是諸恒河沙寧為多不？」須菩提言：「甚多，世尊！但諸恒河尚多無數，何況其沙！」「須菩提！我今實言告汝，若有善男子、善女人以七寶滿爾所恒河沙數三千大千世界，以用布施，得福多不？」須菩提言：「甚多，世尊！」佛告須菩提：「若善男子、善女人於此經中，乃至受持四句偈等，為他人說，而此福德勝前福德。」

有一個人擁有百棟上億豪宅，另有一人只擁有愛，這兩者那一方較珍貴？二者感覺上產生極大反差、對比，讓人深刻的感受到，原來「愛」可以產生無尚價值！

佛陀也用這種反差力道來詮釋福德的奇妙，把三千大世界的寶物全拿來布施，其福德夠大了！但若有人信受《金剛經》，甚至只受持經中的四句偈，將經義向他人解說，使人生起信心，其法施福德勝過三千大世界寶物布施的福德。

這段經文一者強調「法布施」比「財布施」功德大，再者強調《金剛經》的功德力道。現在佛教徒很多誦持《金剛經》，用來祈求消災、增福、增壽、度亡等，所以這是一部「功德」經。

相信很多人看過「達摩」這部電影，達摩東來，見梁武帝有段對話，武帝做了很多財布施的功夫（建寺）。就問達摩：「我有多少功德？」達摩說「了無功德。」真是氣炸了梁武帝。

因爲梁武帝執著於「相」，便真的空無（沒有功德）。這是佛法修行者要注意的地方，凡事一執著就「頭大」了！頭大煩惱就來了！

再讀《金剛經》之四

尊重正教分第十二

「復次，須菩提！隨說是經，乃至四句偈等，當知此處，一切世間天人阿修羅，皆應供養，如佛塔廟，何況有人盡能受持讀誦。須菩提！當知是人成就最上第一希有之法。若是經典所在之處，即為有佛，若尊重弟子。」

這節有個很重要信念，「經在佛在」，佛陀在傳達什麼旨意？在警示弟子們，佛經不要被毀滅了，沒有佛經就沒有佛教。舉吾國大陸文化大革命時，爲何要消滅四書五經？因爲要消滅中華文化、消滅孔孟，此例就清楚了。

由於《金剛經》的無限量功德，所以佛陀告訴須菩提，任何人隨時隨地解說這部經，甚至只是經中的四句偈，這個講經說法的地方，世間所有天、人、阿修羅等，都要前來供養、護持，如同供養佛的塔寺；何況有人盡其所能，信奉受持這部經，像這樣的人就是成就最上稀有的妙法。這部經所在的地方就是佛的住處，如同佛在，有佛在的地方必有諸聖賢弟子大衆隨侍左右。

世上能稱「經」的寶典很多，如四書五經，經在孔孟也在，中華文化就在。《金剛經》說經在佛在，都是同一個道理。

如法受持分第十三

爾時，須菩提白佛言：「世尊！當何名此經？我等云何奉持？」佛告須菩提：「是經名為《金剛般若波羅蜜》，以是名字，汝當奉持。所以者何？須菩提！佛說般若波羅蜜，即非般若波羅蜜，是名般若波羅蜜。須菩提！於意云何？如來有所說法不？」須菩提白佛言：「世尊！如來無所說。」「須菩提！於意云何？三千大世界所有微塵是為多不？」須菩提言：「甚多，世尊！」「須菩提！諸微塵，如來說非微塵，是名微塵；如來說世界，非世界，是名世界。須菩提！於意云何？可以三十二相見如來不？」「不也，世尊！不可以三十二相得見如來。何以故？如來說三十二相，即是非相，是名三十二相。」「須菩提！若有善男子、善女人以恆河沙等身命布施，若復有人，於此經中，乃至受持四句偈等，為他人說，其福甚多！」

佛陀把這部經定名《金剛般若波羅蜜》，汝當奉持，表示這部經的珍貴，可以令衆生離苦得樂，可以消災、祈福，但佛仍說這只是權宜說法的假名，實際上無法可說。這樣的論述，今（二〇一四）年八月佛光山佛學夏令營，有法師舉例解釋，如牛頓發現地心引力，牛頓只是「發現」，並未「說」什麼，說與不說，皆法爾如是，所以就地心引力說，「牛頓無所說法」。

當然，佛如此論述，還是叫人要破除「名相」。佛又舉三千大世界所有微塵爲例，不論多少，都是因緣聚合的假相，所以微塵並非真實的微塵，世界也不是真實的世界。因爲不論微塵或世界，都沒有獨立性、自主性、恆久性，如那四句偈，「一切有爲法，如夢幻泡影，如露亦如電，應作如是觀。」

如果我能「作如是觀」，那才真是有救了！梁又平也罷！陳福成也罷！……乃至其他，一切都是因緣聚合的假相，緣起則合，緣滅則散，那人我之間還計較什麼？什麼都可以放下了！

大家都知道佛陀有三十二相，但佛自己說這三十二相也是假相，不過爲度化衆生的因緣假相。佛再強調這部經的重要性大過其他所有布施，若有人用恆河沙數的身命來布施，不如信受此經，乃至只宣說四句偈，使人明了自性，其福德更多更大。

離相寂滅分第十四

爾時，須菩提聞說是經，深解義趣，涕淚悲泣而白佛言：「希有世尊！佛說如是甚深經典，我從昔來所得慧眼，未曾得聞如是之經。世尊！若復有人得聞是經，信心清淨，即生實相，當知是人成就第一希有功德。世尊！是實相者，即是非相，是故如來說名實相。世尊！我今得聞如是經典，信解受持，不足為難。若當來世，後五百歲，其有衆生，得聞是經，信解受持，是人則為第一希有，何以故？此人無我相、無人相、無衆生相、無壽者相。所以者何？我相即是非相，人相衆生相、壽者相即是非相。何以故？離一切諸相，即名諸佛。」

須菩提聽佛陀說《金剛經》，應該只是第一次聽，竟聽到「涕淚悲泣」，我是有些「存疑」！這怎麼可能？我雖未聽全本，至少聽大師講過局部。而這次重讀，除了仔細讀，還做筆記，也沒有涕淚悲泣，感動也不多！

爲什麼？我還是只好相信須菩提的感動。畢竟，他是聖者，他讀《金剛經》所能理解的深度，一定比我深很多，故感動甚深。六祖惠能大師第一次聽到「應無所住生其心」，立卽頓悟而生求法之心，我聽無數回雖知其理，也仍無感無覺。啊！真是呆頭凡夫呀！

須菩提讚歎佛陀的微妙法，是他獲慧眼以來所未聽聞的。如果有人聽到這部經，也能生清淨心並了悟實相，實相即非一切相，不執求、不住著，即名爲實相。

須菩提自己受持此經並非難事，問題在後世很久以後，有人聽聞能生清淨心，信奉受持，他便一定是世上第一稀有的人。因爲他能頓悟性空，沒有四相分別，四相本是虛妄不實的，能遠離一切相，就是佛了。

佛告須菩提：「如是如是！若復有人，得聞是經，不驚、不怖、不畏，當知是人，甚為希有。何以故？須菩提！如來說第一波羅蜜，即非第一波羅蜜，是名第一波羅蜜。須菩提！忍辱波羅蜜，如來說非忍辱波羅蜜，是名忍辱波羅蜜。何以故？須菩提！如我昔為歌利王割截身體，我於爾時無我相、無人相、無眾生相、無壽者相。何以故？我於往昔節節支解時，若有我相、人相、眾生相、壽者相，應生瞋恨。須菩提！又念過去於五百世作忍辱仙人，於爾所世無我相、無人相、無眾生相、無壽者相。

佛的境界如此神奇，吾等凡夫難以理解，也覺得不可能。例如，這節佛陀說他有一世，被歌利王節節支解身體，當時佛無四相執著，故不生起瞋恨心。身爲凡人的我等，被小刀割一下皮已是痛死人了，何況被支解！豈不痛得死去又活來，說不起瞋恨是不可能的。

但若有佛法修爲，可能就不同了。各大宗教，基督教、回教，也都有以身體布施的故事。聽聞是經能不驚、不怖、不畏。爲何？因爲可以了悟如來所說的第一波羅蜜，但所謂第一波羅蜜也只是方便的假名，六波羅蜜皆平等，無高下次第，並無所謂的第一波羅蜜。那忍辱波羅蜜也是同理，都是度化衆生的假名而已。佛陀回憶往昔五百世修忍辱波羅蜜，都沒有四相執著，故能慈悲忍辱，不生起瞋恨之心。這對衆生是很大的啓示，吾等凡夫很容易與人生起不愉悅的情緒，討厭一個不喜歡的人，生起瞋恨之心。但歌利王等於將佛陀「支解分屍」，佛陀竟不痛不癢，不生瞋恨心。爲何？法身佛如虛空，能支解嗎？

是故須菩提！菩薩應離一切相，發阿耨多羅三藐三菩提心，不應住色生心，不應住聲香味觸法生心，應生無所住心，若心有住，即為非住。是故佛說菩薩心，不應住色布施。須菩提！菩薩為利益一切衆生故，應如是布施。如來說一切諸相即是非相，又說一切衆生即非衆生。須菩提！如來是真語者、實語者、如語者、不誑語者、不異語者。須菩提！如來所得法，此法無實無虛。須菩提！若菩薩心住於法而行布施，如人入闇，即無所見；若菩薩心不住法而行布施，如人有目，日光明照，見種種色。須菩提！當來之世，若有善男子、善女人能於此經受持讀誦，即為如來以佛智慧，悉知是人，悉見是人，皆得成就無量無邊功德。

佛陀對須菩提說，菩薩應離一切相，發無上正等正覺的菩提心，不應住於六塵生心。若心有所住，會被外境所迷亂，就不能無住生心了。所以菩薩不應有任何事相執著而行布施，爲利衆生應不住相布施。

須菩提！一切相都是假相，即非真相。衆生也是地水風火四大的因緣聚合，無常生滅之變化，故衆生亦非真衆生。這裡不易理解，要對佛法的緣起性空有更深入研究，才能明白佛說這段話。

若菩薩執著一可布施之法而行布施，如人在暗中無所見；若能不住法而行布施，如光天化日，能清楚洞見事物。須菩提！未來有人信奉受持這部經，即爲如來以佛的智慧，悉知悉見這個人，成就無量無邊的功德。

再讀《金剛經》之五

師父星雲大師把《金剛經》定位在「成就的祕訣」，這讓我很好奇。因爲我前半輩子（43歲前），在野戰部隊的「慘敗」，就必然是不懂「成就的祕訣」所導致嗎？其中必有高妙的道理，我未弄懂，乃至內心迷亂……

世俗所謂「成就」，不外做大事業、賺大錢、當大官，或至少有大學問。但師父所謂的「成就」，只是「因緣果熟」，也正是「波羅蜜多」（梵語：度過了）。例如，度過煩惱、度過難關、度過生死等，所謂「六度」，是六種得度的方法：布施、持戒、忍辱、精進、禪定、般若。

成就的祕訣只是師父說的「因緣果熟」嗎？不是要培養戰力，打敗所有競爭者嗎？不是要把事業做大，成爲世界百大嗎？祕訣不就在戰略、戰術、管理和謀略之用嗎？師父說的也太簡單了吧！

人到六十多歲了，反省自己年輕時一再的面臨「滑鐵盧」，深思之，果然就是欠缺《金剛經》中的這些祕訣。欠缺因緣觀，欠缺因果觀，當然就沒有成就之「熟果」可收！乃至，「梁又平事件」會發生，固然有主客原因，但身爲佛法的修行者，不應論人之過。如《六祖壇經》說的「不見人之是非善惡過患，即是自性不動。」說人是非長短，與道違背。所以，不談梁又平的問題，只反省自己的問題，還是因爲沒有悟到《金剛經》中成就的祕訣。問題還在自己，自己的問題最大。

持經功德分第十五

「須菩提！若有善男子、善女人，初日分以恆河沙等身布施，中日分復以恆河沙等身布施，後日分亦以恆河沙等身布施，如是無量百千萬億劫，以身布施。若復有人聞此經典，信心不逆，其福勝彼，何況書寫、受持、讀誦、為人解說。須菩提！以要言之，是經有不可思議，不可稱量，無邊功德。如來為發大乘者說，為發最上乘者說。若有人能受持讀誦，廣為人說，如來悉知是人，悉見是人，皆得成就不可量，不可稱，無有邊，不可思議功德。如是人等，即為荷擔如來阿耨多羅三藐三菩提。何以故？須菩提！若樂小法者，著我見、人見、衆生見、壽者見，即於此經不

> 能聽受讀誦、為人解說。須菩提！在在處處若有此經，一切世間天、人、阿修羅，所應供養，當知此處即為是塔，皆應恭敬，作禮圍遶，以諸華香而散其處。」

這裡佛又用了強烈的「大小對比」，強調法布施遠遠勝過身布施。有人千百劫都不間斷行恆河沙量多的身布施，另有人聽聞《金剛經》的經義，悟得般若真理，發心修持奉行，其所得福德勝過身命布施者。而更精進者，書寫、受持、讀誦，爲人解說《金剛經》的人，能使人明心見性，他所得福德就更不可勝數了。

多年來我努力寫作，就有「法布施」的心態，經由理念散佈，廣爲宣說，包含現在書寫、宣傳《金剛經》理念，也是抱著法布施的心態。這樣的心念對不對？有無功德？我全然不去思索，我只是不斷的做、做、做，寫、寫、寫，做我喜歡，寫我喜歡！如此而已。

這部經的功德幾乎無限大，你若能受持並向人宣說，佛陀完全知道你的用功，你的功德是「不可思議、不可稱量、無有邊際」，這樣大的功德很吸引人。佛陀認爲只有具備這種般若智慧的人，才能承擔如來「無上正等正覺」的家業。爲何？一般小乘執著於四相，對這部大乘聖典無法理解、信受，也就不能爲人解說了。

佛陀強調，只要有這部經的地方，一切天、人、阿修羅等都應恭敬供養。此經所在處，如塔廟，衆生都要恭敬頂禮圍禮，以芳香花朵佈其四周，虔誠供養。因爲經在佛在，若佛經全都不在了，這世上還有佛教嗎？

能淨業障分第十六

「復次，須菩提！若善男子、善女人，受持讀誦此經，若為人輕賤，是人先世罪業墮惡道，以今世人輕賤故，先世罪業即為消滅，當得阿耨多羅三藐三菩提。須菩提！我念過去無量阿僧祇劫於然燈佛前，得值八百四千萬億那由他諸佛，悉皆供養承事，無空過者；若復有人於後末世，能受持讀誦此經，所得功德，於我所供養諸佛功德，百分不及一，千萬億分，乃至算數譬喻所不能及。須菩提！若善男子、善女人，於後末世有受持讀誦此經，所得功德，我若具說者，或有人聞，心即狂亂，狐疑不信。須菩提！當知是經義不可思議，果報亦不可思議。」

這段話可以解釋世間很多不合理的現象。最被痛恨者，是好人沒好報，壞蛋享盡榮華富貴，真是情何以堪！朋友聚會最常聽到的話是，「大漢奸李登輝爲什麼不走！活這麼久！出賣台灣，還要台灣人供養他，這世界還有什麼道理？」

確實這世界沒有道理，故叫「五濁世界」。但從因緣、因果觀來解釋，就一切都有道理了，是李登輝前世的「存款」還沒有用完啦！同理這節講被人輕賤也是，這輩子完債，下輩子好過些。

這確實是一個顛倒的世界，佛稱「五濁」世界。佛陀告訴須菩提說，若有人修持、讀誦《金剛經》，仍被人所輕賤，那是因爲此人前世罪業很重，本應墮入惡道去受苦。但因他今世受人輕賤，依然修持信受此經，前世罪業就消滅了，將來會證得無上正等正覺。

佛陀舉自己爲例，無數劫前，在然燈佛前，値遇諸佛，都一一親自供養，沒有一個空過。假如在未來末世，有人真誠受持此經，和親自供養諸佛的功德相較，百分不及一，無法相比較。

末法之世受持此經，功德之多也許讓人不信。這部經的義理極深，不可思，不可議！受持所能證得的果報也就不可思議。

究竟無我分第十七

爾時，須菩提白佛言：「世尊！善男子、善女人發阿耨多羅三藐三菩提心，云何應住？云何降伏其心？」佛告須菩提：「善男子、善女人發阿耨多羅三藐三菩提者，當生如是心：『我應滅度一切衆生，滅度一切衆生已，而無有一衆生實滅度者。』何以故？須菩提！若菩薩有我相、人相、衆生相、壽者相，即非菩薩。所以者何？須菩提！實無有法發阿耨多羅三藐三菩提心者。須菩提！於意云何？如來於然燈佛所，有法得阿耨多羅三藐三菩提不？」「不也，世尊！如我解佛所說義，佛於然燈佛所，無有法得阿耨多羅三藐三菩提。」

滅度了眾生，又說無有一眾生實滅度者。這要如何詮釋看待？舉一例，甲救生員從火災現場救出三人，對人說「三人命是我救的。」乙救生員也救出三人。對人說：「我只盡一分責任，是三人命不該絕。」以上何者高明？

須菩提問佛陀：有人發心求無上正等正覺，要如何保持那顆菩提心？如何降伏內心妄念？

佛開示說，應當這樣的發心，「發無上清淨心，使衆生滅除一切煩惱，使衆生到達涅槃境界，但不要認爲衆生是我滅度的。」爲什麼？因爲眾生自性本來清淨，因爲菩薩有了四相執著、分別，他就不是菩薩。而實際上，也沒有一種法名爲發心求無上正等正覺。佛問須菩提：當年佛陀在然燃佛那裡，有沒有一種法讓他證得無上正等正覺的清淨菩提？

按《金剛經》義理，別說佛問須菩提，就是現在佛問我陳某，我也會答：「沒有，佛在然燈佛所無所得。」因爲佛陀只是在那裡了悟諸法空相，不是有什麼法讓他證得無上正等正覺，一切法都在汝心中。佛法本就存在，永恆存在，佛只是做了驗證工夫，故說無所得，本來就有嘛！

佛言：「如是！如是！須菩提！實無有法，如來得阿耨多羅三藐三菩提。須菩提！若有法如來得阿耨多羅三藐三菩提者，然燈佛即不與我授記：『汝於來世當得作佛，號釋迦牟尼。』以實無有法得阿耨多羅三藐三菩提，是故然燈佛與我授記，作是言：『汝於來世當得作佛，號釋迦牟尼。』何以故？如來者，即諸法如義。若有人言：『如來得阿耨多羅三藐三菩提。』須菩提！實無有法，佛得阿耨多羅三藐三菩提。須菩提！如來所得阿耨多羅三藐三菩提，於是中無實無虛。是故如來說，一切法皆是佛法。須菩提！所言一切法者，即非一切法，是故名一切法。」

佛陀和須菩提這對師生，算是達到完全的「同理心」了，二人心靈已完全相通，否則怎能說「佛在然燈佛所無所得」？佛陀告訴須菩提：「如果我有得到一種法名為『無上正等正覺』，然燈佛也不會為我授記，說：『你在來世，一定作佛，名釋迦牟尼。』因我無所得，然燈佛才為我授記。」

為什麼？所謂如來，就是一切諸法。如果有人說「如來得無上正等正覺」，這是沒有的，沒有什麼法可以讓佛得到無上正等正覺。若有，也是為眾生方便修行，才設「無上正等正覺」的假名。

佛陀所得無上正等正覺，不能說實，也不能說虛，虛實都是執著。所以，如來說一切法都是佛法。

但佛陀還是警惕須菩提（實際上是警惕眾生），一切法也都不是真實的，都是隨順事相而立的種種假名。這裡所說「一切法皆是佛」，是指自然界一切法爾如是的人事地物，只要是宇宙間本來如是、普遍如是、必然如是者，都包含在內。如地心引力、反作用力、因果、輪迴等，都是如佛說：「此非佛作，亦非餘人作，法爾如是。」即然法爾如是，當然就無所得，也沒有無上正等正覺！

我們常會誤解，以爲緣起性空、因果輪迴等是佛陀「發明、創造」的，其實不是，而只是他發現或悟到的。

「須菩提！譬如人身長大。」須菩提言：「世尊！如來說人身長大，即為非大身，是名大身。」「須菩提！菩薩亦如是，若作是言：『我當滅度無量衆生』，即不名菩薩。何以故？實無有法名為菩薩；是故佛說一切法無我、無人、無衆生、無壽者。須菩提！若菩薩作是言：『我當莊嚴佛上』，是不名菩薩。何以故？如來說莊嚴佛土者，即非莊嚴，是名莊嚴。須菩提！若菩薩通達無我法者，如來說名真是菩薩。」

佛舉人身長大爲例，色身長大只是虛假的形像，所以不是「大身」，只是假名大身。這在世俗是不易理解的，明明小孩長大，怎說不是「大身」！

佛陀說如果菩薩自己說：「我應滅度無量衆生。」他就不是菩薩。爲什麼？因爲又執著於相了。實際上沒有一個法名叫「菩薩」，都是因緣假合。所以，佛說諸法是沒有四相分別的。

《金剛經》從頭到尾一直在強調「無四相」，無或無我是思想上的一種境界，破除所有「形、相」的對待關係束縛，把自己安住在無人我對待中。如此，雖度眾生，而無有一眾生可度，因眾生就是佛。

如果菩薩說「我當莊嚴佛土」，就不能名爲菩薩，因爲落入凡夫法執了。「莊嚴佛土」也是假名，爲方便度生而設，菩薩要能通達諸法無我的道理，才是真正的菩薩。

再讀《金剛經》之六

一體同觀分第十八

「須菩提！於意云何？如來有肉眼不？」「如是，世尊！如來有肉眼。」「須菩提！於意云何？如來有天眼不？」「如是，世尊！如來有天眼。」「須菩提！於意云何？如來有慧眼不？」「如是，世尊！如來有慧眼。」「須菩提！於意云何？如來有法眼不？」「如是，世尊！如來有法眼。」「須菩提！於意云何？如來有佛眼不？」「如來，世尊！如來有佛眼。」「須菩提！於意云何？如恆河中所有沙，佛說是沙不？」「如是，世尊！如來說是沙。」「須菩提！於意云何？如一恆河中所有沙，有如是沙等恆河，是諸恆河所有沙數佛世界如是，寧為多不？」「甚多，世尊！」佛告須菩提：「爾所國土中，所有眾生若干種心，如來悉知。何以故？如來說諸心，皆為非心，是名為心。所以者何？須菩提！過去心不可得，現在心不可得，未來心不可得。」

本節所講的「佛世界」，可以當成現代科學的「宇宙論」看待，宇宙有多大，佛陀形容如一恆河中所有沙，有如是沙等恆河。用科學語言說，宇宙間的各類行星、恆星，如恆河沙這麼多！

吾等凡夫，常被各種假相（我、人、眾生、壽者）迷惑，又執著於六塵（色、聲、香、味、觸、法），每天患得患失，每天的心都不知道放在那兒才好！甚至「無心」。吃飯時無心吃飯，工作時無心工作，睡覺時人想休息，心卻不想休息⋯⋯啊！這顆煩惱的心！

所以佛陀一直要我們「無住」，心不住在「五欲六塵」中，而住在「般若」。心不住於過去、不住現在、不住未來，就是「三心不可得」清淨無念境界，人才能自由自在。

所謂「三心不可得」，再實言之，可以詮釋成「不要眷戀過去，不要執著現在，不要幻想未來」。這確實很玄，心要安放那裡？

佛陀舉「五眼」說，是層次不同的「視界觀」。但佛和眾生並無不同，人也可以具備五眼，只因吾等凡夫被五欲六塵所迷障，執著於各種假相（人我等四相），便不能照見五蘊皆空。因此，不能徹見一切，限制了自己的「視界」。

所謂「一沙一世界」，像一條恆河沙數量那麼多的恆河，沙總量中的每一粒沙都代表一個世界，也是佛的世界。一沙可攝一切沙，佛眼可攝一切眼，所有衆生的心，佛都完全知曉。爲何？衆生心即是佛心！所以如來能知衆生心性。

法界通化分第十九

「須菩提！於意云何？若有人滿三千大千世界七寶以用布施，是人以是因緣，得福多不？」「如是，世尊！此人以是因緣，得福甚多。」「須菩提！若福德有實，如來不說得福德多；以福德無故，如來說得福德多。」

佛陀在《金剛經》多次講到法布施勝於財布施，如用三千大世界滿滿的金銀財寶拿來布施，或信受奉持《金剛經》，向人宣說，即使只是短短的經中四句偈，行法布施。以上二者相較，法布施的福德果報，更勝過財寶布施者。

爲什麼？就算滿三千大世界財寶的布施，是有爲法，這種布施是有限的，所得功德也就有限。而爲他人講經宣法的法布施是無爲法，能助衆生了斷生死煩惱、證悟清淨，成就菩薩道、佛道，所以法布施的功德勝於財布施。

不論那一種布施，佛陀都講要「無相布施」。就是布施時沒有能布施的我、受布施的人、所布施的物，布施後無求回報的念頭，此謂「三輪體空」，卽無相布施，這才是無限功德。

離色離相分第二十

「須菩提！於意云何？佛可以具足色身見不？」「不也，世尊！如來不應以具足色身見，何以故？如來說具足色身，即非具足色身，是名具足色身。」「須菩提！於意云何？如來可以具足諸相見不？」「不也，世尊！如來不應以具足諸相見。何以故？如來說諸相具足，即非具足，是名諸相具足。」

佛陀和須菩提問答是爲後世衆生而問答，不應該從具足色身見如來，是因爲色身只是因緣而起的假合幻相，緣盡則滅，不是真實不變的實體色身，只是假名「色身」而已。包含佛的三十二相、八十種好，都是爲方便度化衆生才顯現，也不過是一時的假名罷了。

事實上本節也重新宣說、回應前面各節破除所有相的道理。「凡所有相，皆是虛妄。若見諸相非相，即見如來。」故如來不以具足色身見，色身都是一時的因緣聚合，不久即幻滅。

非說所說分第二十一

「須菩提！汝勿謂如來作是念：『我當有所說法』莫作是念，何以故？若人言如來有所說法，即為謗佛，不能解我所說故。須菩提！說法者，無法可說，是名說法。」爾時，慧命須菩提白佛說：「世尊！頗有眾生，於未來世，聞說是法，生信心不？」佛言：「須菩提！彼非眾生，非不眾生，何以故？須菩提！眾生眾生者，如來說非眾生，是名眾生。」

佛經有些很弔詭的地方，一般人總是不易理解，我也一字半解，所知很有限。例如「若人言如來有所說法，即爲謗佛。」「彼非衆生、非不衆生」等。明明佛陀在世說法四十九年，怎是無法可說？佛陀還提醒須菩提，不要有如來心懷「我當有所說法」的念頭！這節佛爲使衆生了解佛法，等於說了「重話」。

世間法有毀謗罪，雖非人間最重罪，卻也是不輕之罪。佛陀在前面各節強調「無所說法」，現在若還是「如來有所說法」，就是毀謗佛，罪不輕！

爲什麼？佛的一切言說都爲開啓衆生本具的真如自性，種種說法都是隨緣方便而說，暫時給一個「說法」的假名。須菩提問：未來衆生聽了你的「無說而說」妙義後，能生起信心嗎？

佛陀的回答也很妙，「彼非衆生、非不衆生」，他們不是衆生，也不能說不是衆生。你、我、他，不都是衆生嗎？從佛法言，衆生本具佛性，就法性空寂說，衆生不是衆生，而是如假包換的佛，只是尚未了悟真理的佛，故「彼非衆生」；但也不能說他們不是衆生，他們雖已聽聞佛法，尚未悟道，從事相上只好叫他們衆生，故「非不衆生」。原來也沒有什麼衆生衆生的，「衆生」也只是一時的假名。

佛法很奇妙吧！奇妙不奇妙也真是奇妙！就是世間一個很簡單的命題「我是誰？」問到最後可能也難倒了眾生。有誰能清楚明白、徹底的說明「我是誰？」

無法可得分第二十二

須菩提白佛言：「世尊！佛得阿耨多羅三藐三菩提，為無所得耶！」佛言：「如是如是！須菩提！我於阿耨多羅三藐三菩提，乃至無有少法可得，是名阿耨多羅三藐三菩提。」

《心經》和《金剛經》都在講「無所得」，我迷惑了很久，爲什麼佛也無所得？佛陀解釋說，不僅無上正等正覺，乃至纖毫之法，佛皆無所得。得者，因爲有失，佛本無所失，何來有得？「無上正等正覺」之名，指的是覺悟自性，而不是有所得。這麼說來，這段時間爲對治「梁又平事件」，讀了這麼多有關佛法的功課，應也只能說「無所得」，只是自己內心覺悟到什麼道理吧！

再讀《金剛經》之七

淨心行善分第二十三

「復次，須菩提！是法平等，無有高下，是名阿耨多羅三藐三菩提。以無我、無人、無眾生、無壽者，修一切善法，即得阿耨多羅三藐三菩提。須菩提！所言善法者，如來說即非善法，是名善法。」

叫人修一切善法，但又說無一切善法，一切善法都是假相，這是佛法不易理解的地方。佛陀告訴須菩提說，平等又無有高下分別的法，才叫「無上正等正覺」。只要眾生不著四相的妄想分別，去修一切善法，即可悟得無上正等正覺。所謂善法，也不過是因緣和合的假相，不可執著，善法之名乃隨順世俗方便而言。

福智無比分第二十四

「須菩提！若三千大千世界中所有諸須彌山王，如是等七寶聚，有人持用布施；若人以此《般若波羅蜜經》，乃至四句偈等，受持讀誦，為他人說，於前福德百分不及一，百千萬億分，乃至算數譬喻所不能及。」

法布施遠勝財布施，在《金剛經》已多次提到，如〈依法出生分第八〉、〈無爲福勝分第十一〉、〈持經功德分第十五〉、〈法界通化分第十九〉等，是故，吾人是否應多作法布施？

化無所化分第二十五

「須菩提！於意云何？汝等勿謂如來作是念：『我當度眾生。』須菩提！莫作是念。何以故？實無有眾生，如來度者，若有眾生，如來度者，如來即有我、人、眾生、壽者。須菩提！如來說有我者，即非有我，而凡夫之人，以為有我。須菩提！凡夫者，如來說即非凡夫，是名凡夫。」

這段文字也要深思，微妙法義不是一般人可以領悟的。明明佛、菩薩都在「普度衆生」、救度衆生，爲何這裡又說「實無有衆生，如來度者」，若有，即佛著相。佛陀告訴須菩提，不要有「我當度衆生」的念頭。爲什麼？因爲衆生也都是假相，並無實在之相，若佛還以爲有衆生可度，佛也落入四相執著之中。

如來說的「我」，是假相的我，爲度生方便而立，凡夫就以爲真的有我。凡夫也具佛性，故凡夫非凡夫，只因他尚未了悟生死真理，暫時以凡夫之假名罷了！

法相非相分第二十六

「須菩提！於意云何？可以三十二相觀如來不？」須菩提言：「如是如是！以三十二相觀如來。」佛言：「須菩提！若以三十二相觀如來者，轉輪聖王即是如來。」須菩提白佛言：「世尊！如我解佛所說義，不應以三十二相觀如來。」爾時，世尊而說偈言：

若以色見我，以音聲求我；
是人行邪道，不能見如來。

我們「不應以三十二相觀如來」，這是可以理解的，因為「凡所有相、皆是虛妄」，佛要我們不要執著於相。所謂三十二相，只是方便度生的假名。

但說「若以色見我，以音聲求我」「是人行邪道」，這叫一般人如何理解？自中國民間有佛教、寺廟以來，廣大的信衆，都在拜佛、求佛，都是「以色見佛、以音聲求佛」或「以色見菩薩、以音聲求菩薩」。如此這般，是人行邪道乎？不能見如來，所有拜求都白做工了！

當然，我知道佛的叮嚀「凡所有相、皆是虛妄」，色音聲都是六塵，我們不該著在這些塵相上。但那些帶著禮品去上香拜佛者，有幾人知道他拜了半天，結果是「不能見如來」，其中是否尚有微妙法義更要深入探討的？

無斷無滅分第二十七

「須菩提！汝若作是念：『如來不以具足相故，得阿耨多羅三藐三菩提。』須菩提！莫作是念：『如來不以具足相故，得阿耨多羅三藐三菩提。』須菩提！汝若作是念：『發阿耨多羅三藐三菩提心者，說諸法斷滅。』莫作是念。何以故？發阿耨多羅三藐三菩提心者，於法不說斷滅相。」

關於「斷滅」，慧開法師在《生命是一種連續函數》一書，有多處論述。「死後什麼都沒有了」，這種狀態佛教稱之「斷滅」，不過佛教認爲有情的生命是不可能斷滅的。從三世生命觀視野看，帶有絕對「斷滅」意味的死亡是不存在的；另一種錯誤地認爲生命只有一生一世，死後歸於虛無，這是「斷滅相」的見解。

《金剛經》中的「於法不說斷滅相」，正可破除「一生一世觀」，借用數學函數概念比喻，生命是一種連續函數，跨越「過去、現在、未來」三世生命，不曾斷裂，也永遠不會斷滅。

佛陀提醒須菩提，不要認爲如來因不以具足相而得到無上正等正覺，有這個想法，發無上正等正覺菩提心，就會說諸法斷滅，落入斷滅偏執。爲什麼？因爲發無上正等正覺的人，於法不說斷滅相，不著法相，也不著斷滅相。

不受不貪分第二十八

「須菩提！若菩薩以滿恒河沙等世界七寶持用布施，若復有人，知一切法無我，得成於忍，此菩薩勝前菩薩所得功德。何以故？須菩提！以諸菩薩不受福德故。須菩提白佛言：「世尊！云何菩薩不受福德？」「須菩提！菩薩所作福德，不應貪著，是故說不受福德。」

有一菩薩以滿恆河沙等世界的七寶來布施，這功德是極大極大的。若有另一菩薩明白一切法無我，諸法空性，內無貪念，外無所得，親證無生法忍。那麼，這位菩薩的功德勝過七寶布施的菩薩。爲什麼？因爲菩薩是不受福德相的限制。

佛陀再解說，菩薩所有利益衆生的事，是發菩提心，而不是爲求福德。菩薩修一切善法，並不著布施相，心中沒有想要得到什麼福德的念頭，所以才說菩薩不受福德。

再讀《金剛經》之八

威儀寂靜分第二十九

「須菩提！若有人言：『如來若來、若去、若坐、若臥』，是人不解我所說義。何以故？如來者，無所從來，亦無所去，故名如來。」

我們從小都從「相」上認識如來佛，或坐或臥等相，現在佛告訴我們這些相都是假相。所謂「如來」，是無所來，也無所去，如來是法身。無形無相的法身，遍滿虛空，無所不在，寂然不動，那裡有來去之名呢？

衆生所見如來之相，只是如來應化之身，隨衆生因緣感應而示現，而法身寂然不動，從未有來、去、坐、臥、之相狀。

一合理相分第三十

「須菩提！若善男子、善女人，以三千大千世界碎為微塵，於意云何？是微塵眾，寧為多不？」「甚多，世尊！何以故？若是微塵眾實有者，佛即不說是微塵眾。所以者何？佛說微塵眾，即非微塵眾。世尊！如來所說三千大千世界，即非世界，是名世界。何以故？若世界實有者，即是一合相，如來說一合相，即非一合相，是名一合相。須菩提！一合相者，即是不可說，但凡夫之人貪著其事。」

三千大千世界都碎成微塵，這微塵就很多了。但在佛的眼中，眾多微塵也是因緣而生的假相，只是一個假名而已。三千大千世界不過是假名，如果世界是實有的，那是一合相。而那一合相也是緣生緣滅的，還是假名。

所謂「一合相」，就是沒有定相可言，但凡夫總是執著於相，執著有一個真實的「一合相」。

知見不生分第三十一

「須菩提！若人言：『佛說我見、人見、衆生見、壽者見。』須菩提！於意云何？是人解我所說義不？」「不也，世尊！是人不解如來所說義。何以故？世尊說我見、人見、衆生見、壽者見，即非我見、人見、衆生見、壽者見，是名我見、人見、衆生見、壽者見。」「須菩提！發阿耨多羅三藐三菩提心者，於一切法應如是知，如是見，如是信解，不生法相。須菩提！所言法相者，如來說即非法相，是名法相。」

佛陀講《金剛經》已到尾聲，似乎還很不放心（對衆生），再對須菩提提醒，如果有人說，佛說我見、人見、衆生見、壽者見，是真實的，這個人了解佛法深意嗎？須菩提的回答也是代衆生答的，這個人不了解佛說深意。爲什麼？因爲我見等四相都是虛妄不實的，都緣起的假相。

發無上正等正覺之心的人，對一切法應該如實去知，如實去見，如實去信解，凡所有相都是虛妄的。須菩提！你應該知道，所有法相都是緣起的假相，所以如來說即非法相；只是緣起的假相，爲應機說法的須要立個假名法相，所以如來說是名法相。

應化非真分第三十二

「須菩提！若有人以滿無量阿僧祇世界七寶，持用布施，若有善男子、善女人發菩提心者，持於此經，乃至四句偈等，受持讀誦，為人演說，其福勝彼。云何為人演說？不取於相，如如不動。何以故？

一切有為法，如夢幻泡影，

如露亦如電，應作如是觀。」

佛說是經已，長老須菩提及諸比丘、比丘尼、優波塞、優婆夷，一切世間天人、阿修羅，聞佛所說，皆大歡喜，信受奉行。

這節是《金剛經》的結論，佛以四句偈總結全經的核心思想。讀到這裡，回顧全經講的三千大千世界全是假相，讓我想起大科學家愛因斯坦的名言：「時間、空間和物質都是人們的誤解。」愛因斯坦也認爲，人們所看到這個世界的一切，都錯覺、不實的。這句名言幾可詮釋《金剛經》，原來人對這個世界都是誤解，如佛說你看到的全是假相。

你看到的一切，如夢幻泡影，如露亦如電，應作如是觀。

但愛因斯坦也說，所有的宗教中，唯一經得起科學檢驗的，只有佛教。到底要怎樣檢驗？這就得要大師和大科學家來說了。

讀《金剛經》的心得結語

我對佛法的了解，其實是非常粗淺、表面，距離能夠講經說法，大概是下一輩子才有的機緣。近幾年有機會到佛光山上一些課（如佛學夏令營），聽聞大師們上課，加上自己研讀略知一點點，包括這回因「梁又平事件」給我的警覺，才好好把《金剛經》仔細讀，每節都寫出一些感想。或許，可以給有緣人看看，也增加這部經的傳佈，吾心如是設想。

師父把《金剛經》定位成「成就的祕訣」。「成就」就是「因緣果熟」，也就是「波羅蜜多」；而祕訣就是「般若」，光是這幾個字可能解釋幾大本著作。

整部《金剛經》的要義，按師父說有四大部份：無相布施、無我度生、無住生活、無得而修。而佛陀用四句偈總結：「一切有爲法，如夢幻泡影，如露亦如電，應作如是觀。」

按我自己的感覺，〈如理實見分第五〉，佛告須菩提：「凡所有相，皆是虛妄。若見諸相非相，即見如來。」這句話即可涵蓋全經的精神，「凡所有相，皆是虛妄。」包含一切「相」了。

我相、人相、衆生相、壽者相，皆是虛妄。

無法相、亦無非法相；法尙應捨，何況非法。

乃至三千大千世界、如來三十二相、無上正等正覺、衆生……所有相皆虛妄，即是因緣而生的「假名」，故不能執著在任何「相」上，要人的心「無住」。這是多麼困難的事！古今有多少衆生（人）存在過？有幾人能做到？能做到的都出家了。「離一切相就是佛」，人人本有佛性，就是難成佛！

這部經講的「無相布施」「法布施勝於財布施」，在現代社會生活是深值培養的觀念。我所看到的同時代人（60到80歲），肯布施者極少極少。這幾年我在台大朋友圈中宣揚「我兒子請客」「錢用掉才是自己的」觀念，有一點成果。因爲有一天某某人說：「今天是我媳婦請客」，當然在我們的社會，似乎肯「樂捐」者多，而肯「布施」者較少，這只是個人的觀察。

若能深入領悟「凡所有相、皆是虛妄」，並實踐之，則離一切相成佛，金錢也不是金錢了。因爲錢「相」也是虛妄的，都是空性的，因緣而起的假名。許多企業家捐款、布施，動則幾十億、百億，他可能對《金剛經》有所領悟，否則怎肯把大錢捨出來？

第二版補篇：《梁又平事件後》出版迴響與續說

迴響與論辯

《梁又平事件後》一書，針對一個活生生的經歷，一個灰色地帶的「朋友」所造成的不愉快和傷害，如此誠實的攤在陽光下，書寫我的沉思與學習，也是自我的反思、省悟。因爲這是真實的事件，在第一版發行出版後，我的「極寡眾粉絲群」中，還是難免出現一些迴響，有各種看法、論辯、異議。

以下是幾種不同的觀點對話，問者是我文壇詩界的好友（都只簡稱「某君」），回答者當然就是我自己（簡稱「陳君」）。余以爲，真理就是要公開辯論，拿出證據來說話，而只有陽光才有助於療傷，也是我一向的信念，我這輩子所碰到的一切好壞，遲早會被我攤在陽光下，或放在「歷史寶櫃」中，或置「雲端秘盒」，永恆的接受隨機檢驗、批判、禮讚。

楊君心胸寬大，摸摸鼻子認了，吃虧就是佔便宜

楊君：陳兄，我讀過你的詩作，你出版多本詩集，我一直認爲你比較像詩人。但這回看你這本《梁又平事件後》，覺得你寫散文也很好，不知如何定位你？

陳君：謝謝你的讚美，我不過寫點人生感想，只是漫無邊際的寫，國防、軍事、詩歌、小說，我也不知道如何定位自己！大概就是個作家吧！

楊君：今年「五四文藝節」全國表揚大會中，國家頒了一座「文學創作獎」給你，已是對作家最高的肯定，你是作家，更是詩人，陳兄你當之無愧。

陳君：謝謝，還要再努力。

楊君：不過，對《梁又平事件後》這本書，我先是好奇，專心的略讀全書，我產生很多共鳴，只是處理上有些不同。

陳君：怎樣的共鳴？如何面對處理？說說看！

楊君：共鳴，是因爲我自己在十多年前也碰到這種事。我認爲在我們所處的環境中，本來就存在很多暴力份子（行爲暴力、語言暴力都是暴力），任何人在任何

時間，都可能會碰到。碰到了，只有認了，不必爲這種事去法院告對方，自己練習釋懷，想想老祖宗說的，吃虧就是佔便宜，也只能這樣。

陳君：確實也只能這樣，不然要怎麼辦？但我也好奇問你，你也碰到類似事件，你說自己練習釋懷，要多久才能釋懷？

楊君：說真的，我也不相信有誰碰到這種事，能說忘就忘，說放下就放下。人類的大腦不是電腦的「刪除鍵」，按一下記憶全不見了。我說釋釋也僅是「練習釋懷」，經過十多年了，我可以說全釋懷了，須要一些時間。

陳君：再問你一下，你碰到這樣的事後，你和那位朋友後來還有交往嗎？

楊君：後來就沒再交往了，只能說緣結束了。

陳君：真的，人與人之間的情誼很脆弱，幾十年的朋友也可能一語成仇。所以友情建立不容易，孔子說的友直友諒友多聞很有學問。

楊君：但我的處理方式不同。

陳君：怎樣的不同？說來參考！

楊君：我不會用文字記錄下來，這樣會更難忘記，更難釋懷。當然，這可能是我平時也不寫東西的原因，但我仍傾向吃點虧算了，反正也沒少塊肉，自己就摸摸鼻子算了。

陳君：楊兄，像你這樣寬宏大量、不與人計較的人不多了，與你相交，我學到更多。

吳君當成修行試煉的活教材，有助提升人生的境界

吳君：人生充滿著許多不可測知的狀況，不可逆料的意外，這是鐵的事實，誰也不敢、不能否認。但每個人處理意外困局的態度不同，有人因而去跳海，有人從逆境中得到領悟，提昇了人生的境界。這就是智者和愚者的差別，兩者區別很清楚，在《梁又平事件後》一書所述，陳兄屬於智者。

陳君：我當然沒有去跳海，但怎樣說我是智者，說清楚一點，有根據嗎？

吳君：我不是亂誇你，朋友說話要真誠，我當然有所根據，那本書仔細看過，尤其那個叫「梁又平」的人砲轟你時，整個場景，很多人都碰過，能像你耐住性子去面對處理的很少，你處理的極好，老朋友了，說真的，很佩服你。

陳君：我根本沒反應、沒處理。

吳君：沒反應、沒處理，正是最好的處理。以下幾點證明你「沒處理的處理」，才是最佳的狀況處理。

第一、你從頭到尾保持沉默，使場面沒有爆發衝突，等於不給主辦的男女主人製造問題，你幫了主辦者的大忙。

第二、當時你若進行處理（解釋或反擊），極可能使場面更惡化，因那位梁姓肇事者EQ很低，可能有經常性情緒失控，常施暴於人。是故，你的無言和忍耐，讓事態未擴大。

第三、是最重要的，你從這事件做了很多反省，也學到更多，從這本書中這麼多文章，讓陳兄對佛法有更深入理解。

陳君：謝謝，我確實很把握這個事件，希望自己有所長進。我也好奇問吳兄，若你碰到這種事，會如何應對、處理？

吳君：現代社會有很多情緒失控者，相信許多人碰到過，甚至更慘的也有，開車、走路碰到大爛人，我就碰到過，險些小命不保。像陳兄這種狀況我也碰過，我傾向息事寧人，安全第一，不要惡化事態，當成人生經驗，會有助於提升人生境界。如此，你和肇事者才會不一樣！

王小姐安全第一，遠離危險份子

王君：陳先生，看了你這本書，讓我自己先提高警覺，可能是女生對「安全」敏感度較高，女生較承受不起暴力，不論行爲或語言暴力，我們女人都不能承受的怕怕！

陳君：妳是第一個和我談這本書的女性讀者，女人對安全有較高的敏感度，承受不起暴力，這我相信。但男生也是，像我們這些作家，手只能提起一枝輕輕的筆，活像一介文弱書生，同樣也是承受不起暴力。

王君：或許是吧！但碰到只有自認倒霉，設法安全脫離，以免受到暴力。

陳君：如果妳碰到我的情況，要如何安全脫離？

王君：有一回在餐廳碰到一個精神病，被無厘頭的痛罵，我連說三個「對不起」，再加上一點女人的ㄋㄞ功，才安全脫離。後來我發現這個辦法對化解危機有效，必須時只好用了！

陳君：「低姿態」對化解危機有效，看 Discovery 節目，獅子、老虎也用這招，中國人說「好漢不吃眼前虧」大約如是。

王君：《梁又平事件後》我有仔細看，陳先生在事件當時的沉默算是低姿態，但不夠低。如果能盡早說三聲「對不起」，可能沒有後面的語言暴力。

陳君：可能有救。

王君：前面說的都不是我想問的重點，我專心看你這本書，始終想要探索陳先生的內心世界，爲何要寫這本書？我大膽的說除了沉思學習，你內心一直在掙扎，不甘心，老實說，你有沒有要報復的心態？

陳君：王小姐，妳一語道破我的要害，我確實不甘心（在事件後數月內）。有沒有要報復？內心很複雜，說不上來那些文章是不是報復？

以上是多位讀完《梁又平事件後》一書，我選三位代表（二男一女），他們的心得及和我對話記錄，各有不同觀點，經整理並給當事人過目後，置於第二版補篇。未來再有讀者意見，也將整理爲再版附件。

人我相處的境界：迴響反思之一

《梁又平事件後》一書出版後，本打算從此「放下」這件事，永遠不去想了，就像東流之水，飄過西窗的雲，腳後的足印……沒想到！

眼尖的朋友，難得尚有幾個「粉絲」，還是發現了《梁》書的出版，先讀爲快並在小小的圈裡閒聊心得。上篇是一些迴響的記錄，朋友們的觀點、論辯，又促使我再思考相關問題，尤其人我相處的境界，一輩子也修不完、書不盡。最近讀到佛光山出版的《獻給旅行者們365日》一書，其中有短文〈別人爲什麼願意跟你相處？〉說：

第一：你有德。對人真誠，爲人厚道，心地善良，有規矩，有方圓，有禮貌，有愛心，別人與你相處感到溫暖、放心。

第二：你有用。你能帶給人家實用價值。

第三：你有料。跟你相處能打開眼、放大格局。

第四：你有量。你能傾聽別人的想法並發表有價值的見解。

第五：你有容。能充分認可別人的價值，欣賞別人的特色。

第六：你有趣。能帶給人家愉快的心情，和你在一起不悶。

第七：你有心。懂得用情用心交朋友，人脈必然成金脈，正面能量無限。

哇！如禪宗的大師一棒，打在腦袋上。又是千金難買早知道，爲什麼以前不知道？或老師說了而自己當耳邊風。反省、回憶這二十年在台大走動，慢慢領悟到一些道理，總算在台大這小圈圈裡，讓我有實踐這些道理的機會，如目前當「台大退聯會理事長」，更是檢驗上述七項的因緣道場，我總是很用心經營。

若常行柔和，眾人所愛敬；
設結善友者，堅住無能動。

——《生經》

師父引這首佛經上的偈語，文字淺白，內涵極深，知易行難。不外告訴我們爲人處世要有柔和的性格，也要有柔和的行爲，必是眾人所愛敬。「設結善友者」，強調要交善友，才能「堅住無能動」，使我們堅強、安住，得到安全護衛而無所畏懼。佛經多處強調柔軟身段的重要，並認爲是行菩薩道的途徑。

> 恆以軟語誘群生，怨親平等無分別；
> 無著無住亦如風，是求菩薩最上行。
>
> ——《護國尊者所問大乘經》

這詩偈也有好懂，慈悲、安慰、鼓勵、向善等語言都是「軟語」，可「誘群生」是很大的力量，才能達到怨親平等的境界。「無著無住亦如風」，能不執著，如風來風去，就是行菩薩道。

這兩首詩偈強調柔和性格、柔軟語之用，讓我們想起出家人的形像。確實「除了佛法，老莊哲學也強調柔弱的力量，但要怎樣用這力量？

無瞋安樂之道：迴響反思之二

人一生都在追求和悅安樂，直到人生的終點站到了，不論是生者亡者，都還說要到「西方極樂世界」去。可見找尋安樂應該是每個人的最愛，但可惜的是，根據許多科學上的統計、調查，現代人的幸福快樂指數普遍的低，反而是痛苦指數普遍的高。這表示，現代很多人活得很痛苦，台灣社會尤其不被看好！

爲什麼？只要看看朝野各階層、各角落，到處充滿各種暴力（行爲、語言），許多暴力被政治操弄而合理化了。於是，全民得了精神病、憂鬱症、EQ超低症。身處這種惡濁的環境，要怎樣確認那裡才是安樂之道？

遠離眾罪垢，不著於世間；
永斷我慢心，是為最安樂。

——《方廣大莊嚴經》

原來身處惡濁之地，也可找到屬於自己的樂土。這些道理若能早有領悟，梁又平事件是不會發生的，就算發生也不會造成傷害，因爲不著不住。遠離眾罪垢，身口意都遠離，對世間一切相不著不住，沒有貢高我慢的心態，這便是最安樂。

前文我和粉絲的對話中（含其未寫的），沒有主張要反擊、要以牙還牙的，認爲在那當下還是以「低姿態」化解爲妙，勿使場面再惡化或爆發更大衝突，也等於是顧全大局，讓男女主人好辦事，低姿態對應詩偈，意涵也還相合，不著不住也就不受傷害。

但是，一個人要怎樣全天整年在身口意上，讓人感受到的都是「和顏悅色」，都是「慈悲爲懷」的，像佛、像菩薩，這要多少修行。在梁又平事件發生的當時，李金島同學給我的感受，正是佛、菩薩的形像（見本書〈感謝李金島同學出面解困局〉乙文）。

爲什麼從我在民國五十七年在陸官預備班，認識李金島同學，他始終是一種「和顏悅色」的形像？這太神奇了！在師父星雲說偈引一詩，像在說李金島：

和顏無瞋色，亦復不暴惡；
言無所傷觸，亦不使憂惱。

──《大莊嚴論經》

所謂「面上無瞋是供養、口中無瞋出妙香」，永遠的和顏悅色，就像李金島。「暴惡」是經常情緒失控，常有各式暴力的人，千萬不能成爲這樣的人，人人都怕他。「言無所傷觸、亦不使憂惱」，言行都是讓人快樂、讓人歡喜，這要多久的修爲？

李金島同學大概是我見過最能做到「無瞋」的人，但因沒有玩在一起，數十年亦無交往，不知其他時間是否也「面無瞋、口無瞋」？至少我的感覺他是「無瞋」的人，大家都會喜歡他。

成就，成就誰？迴響反思之三

《梁又平事件後》一書出版後，不久和兩位台大好友閒聊書中情境，也聊到各人年青時代的學習經驗。都共同覺得，我們年青時代的教育被誤導了。

我們被教育「追求自己的成就」，謀一已之利，不知「人我一體」爲何物？以爲「成就」當然是成就自己，才是自己的成就，那有去成就別人的？殊不知成就別人正是成就自己，救人其實是在救自己。

當大家懂這道理時已年過半百，又是一陣浩嘆！爲什麼沒有早知道？難怪有「千金難買早知道，萬金難買後悔藥」成語。在師父〈星雲說偈〉引經文說：

一者成就善巧方便，二者成就殊勝意樂；
三者成就菩薩正行，四者成就勸讚菩提。

——《大寶積經》

四個成就都在成就「別人」，給人方便，給人歡喜殊勝的快樂。就是讓人心開意解，生起「我明白了、原來如此」，乃「高層次」意樂，從此感受佛法的殊勝。「成就菩薩正行」是普渡所有的別人的願行，或有人發願行菩薩道，從旁鼓勵、幫助他，讓他修行圓滿。「成就讚菩提」，也是助人一臂之力，鼓舞人「上求佛道、下化眾生」，成就別人就是成就自己。

經常，吾人在街頭看到人給乞丐一些零錢，早年不懂，以爲是我們「救了乞丐」；後來聽經聞法才知道，原來是乞丐「救了我們」。當你把錢給乞丐的當下，你成就了自己、救了自己。據聞，德蕾沙修女抱起一個將垂死街頭的可憐人時，總對他說：「謝謝你給我機會爲你服務」這樣的話，若是，她正是行菩薩道，她幾乎達到「肉身供養」的境界。

若得見於佛，捨離一切障；
長養無盡福，成就菩提道。

——《華嚴經》

詩偈的意思是，若我們能見到佛，就能捨離一切疑惑障礙，可長養無盡的福報，成就菩提道。也在說成就眾生，正是成就自己，長養自己無盡的福報。

梁又平事件發生至今快十個月了，給我很多感想、反思，書出版後和朋友們研討，也得到各種不同珍貴的見解。把這些心得寫下來，做為本書第二版補篇。

叢林、霸凌和言語暴力：迴響反思之四

這本書的主題、情節和作者的寫作動機，可能有些特別，乃至詭異。因此，第一版問世後，引起幾位讀者也是朋友的好奇討論。某日，大家問起「社會」、「國際」爲何古來常被稱「叢林」？是不是都無法無天了？強食弱、大欺小，永遠是人類社會最常見的現象……所謂平等、尊重，放眼看去，全是空話？……

大家討論都沒有「合理的結果」，只好也把「梁又平事件」當八卦聊。遠的不說，只談「言語霸凌」（暴力），我算是碰到最多的，在學生時代（尤其預備班一年級、入伍生、正期一年級）最嚴重。但這段時間因「合理是訓練、不合理是磨練」，教育班長故意整人，數不完的言語和行爲霸凌（暴力），大家有心理準備，或許傷害不大，少數受傷很重，一輩子難以撫平內心的傷口。

從陸官一年級下（約民六十年底或次年切），到民國八十三年離開野部隊到台大，因自己不想幹的心態，必然導至長官不諒解。這二十多年真是災難，但這是自找的，自作自受，必須自己設法放下、轉移。

「梁又平事件」又是另一種傷害，同學不論官階都是平等，尤以「老同學」更多一份情。數十年來，我和梁又平雖無交往、無交遊，也談不上交誼，但至少都是同學。這個事件發生的太突然、太不尋常、太不應該，我才會覺得受傷很重，又在一群同學嫂子面前，面子裡子全受了傷。目前讀到師父星雲說偈有一詩：

> 口則如利斧，自斷壞其身；
> 皆由惡言故，令他起暴惡。
>
> ——《諸法集要經》

確實古有名言，「一言以興邦、一言以喪邦」，一句惡言真是很可怕。又謂「良言一句三冬暖、惡言一句九月霜」。所以師父一直在鼓舞大家行「三好」，說好話、做好事、存好心。許多事故都因「皆由惡言故、令他起暴惡」，連小命也丢了。可能是語言很不可靠，所以禪宗才不立語言文字，師父引詩偈說：

紙上傳來說得親，翻腔易調轉尖新；
世人愛聽人言語，言語從來賺殺人。

——元・天如惟則

這首偈簡直在說現在的台灣社會，雖說世間皆如是，台灣確是最嚴重，快沒救了。

但人活在世上，總不能不用語言文字，只能自己小心，不去霸凌別人，也免受別人霸凌。如《大智度論》說：「實語第一戒，慈語昇天梯；好語小而大，妄語入地獄」，梁又平事件讓我在人際間更小心，活到老、學到老，還有很多沒有學會的！

陳福成生命歷程與創作年表（只記整部出版著作）

民國四十一年（一九五二）一歲

△元月十六日，生於台中縣大肚鄉，陳家。

民國四十八年（一九五九）八歲

△九月，進台中縣大肚國民小學一年級。

民國四十九年（一九六〇）九歲

△夏，轉台中市太平國民小學一年級。

民國五十年（一九六一）十歲

△春，轉台中縣大雅國民小學六張犁分校二年級。

年底搬家到沙鹿鎮，住美仁里四平街。

民國五十一年（一九六二）十一歲

△轉台中縣新社鄉大南國民小學三年級（月不詳）。

民國五十四年（一九六五）十四歲

△六月，大南國民小學畢業。

△九月，讀東勢工業職學學校初中部土木科一年級。

△是年，開始在校刊《東工青年》發表作品。

民國五十七年（一九六八）十七歲

△六月，東工第一名畢業，獲縣長王子癸獎。

△八月三十一日，進陸軍官校預備班十三期。

持續在校刊發表作品，散文、雜記等小品較多。

民國五十九年（一九七〇）十九歲

△春，大妹出車禍，痛苦萬分，好友王力群、鍾聖錫、劉建民、虞義輝等鼓勵下接受基督洗禮。

民六〇年（一九七一）二十歲

△六月，預備班十三期畢業。

△七月，同好友劉建民走橫貫公路（另一好友虞義輝因臨時父親生病取消）。

△八月，升陸軍官校正期班四十四期。

△年底，萌生「不想幹」企圖，四個死黨經多次會商，一直到二年級，未果，繼續

讀下去。

民六十四年（一九七五）二十四歲

△四月五日，蔣公逝世，全連同學宣誓留營以示效忠，僅我和同學史同鵬堅持不留營。（多年後國防部稱聲那些留營都不算）

△五月十一日（母親節），我和劉、虞三人，在屏東新新旅社訂「長青盟約」。

△六月，陸軍官校四十四期畢業。

△七月，到政治作戰學校參加「反共復國教育」。

△九月十九日，乘「二二九」登陸艇到金門報到，任金防部砲指部斗門砲兵連中尉連附。

民國六十五年（一九七六）二十五歲

△醉生夢死在金門度過，或寫作打發時間，計畫著如何可以「下去」（當老百姓去），考慮「戰地」軍法的可怕，決定等回台灣再看情況！

民國六十六年（一九七七）二十六歲

△春，輪調回台灣，在六軍團砲兵六〇〇群當副連長。駐地桃園更寮腳。

△五月，決心不想幹了，利用部隊演習一走了之，當時不知道是否逃亡？發生「逃官事件」，險遭軍法審判。

△九月一日，晉升上尉，調任一九三師七七二營營部連連長，不久再調任砲連連長，駐地中壢。

△十一月十九日，「中壢事件」，情勢緊張，全連官兵在雙連坡戰備待命。

民國六十七年（一九七八）二十七歲

△七月，全師換防到馬祖，我帶一個砲兵連弟兄駐在最前線高登（一個沒水沒電的小島），島指揮官是趙繩武中校。

△十二月十五日，美國宣佈和中共建交，全島全面備戰，已有迎戰及與島共存亡的心理準備，並與官兵以「島在人在，島失人亡」共盟誓勉。

民國六十八年（一九七九）二十八歲

△十一月，仍任高登砲兵連連長。下旬返台休假並與潘玉鳳小姐訂婚。

民國六十九年（一九八〇）二十九歲

△七月，換防回台，駐地仍在中壢雙連坡。

△十一月，卸連長與潘玉鳳結婚。

民國七〇年（一九八一）三十歲

△三月，晉升少校（一九三師）

△七月，砲校正規班結訓。

△八月，轉監察，任一九三師五七七旅監察官。（時一九三師衛戍台北，師長李建中將軍）。

民國七十一年（一九八二）三十一歲

△三月，仍任一九三師五七七旅監察官。駐地在新竹北埔。

△現代詩「高登之歌」獲陸軍文藝金獅獎。當時在第一士校的蘇進強上尉，以「青青子衿」拿小說金獅獎。很可惜後來走上台獨路，不知可還有臉見黃埔同學否？

△長子牧宏出生。

△年底，全師（193）換防到馬祖北竿。

民國七十二年（一九八三）三十二歲

△六月，調任一九三師政三科監察官（馬祖北竿，師長丁之發將軍）

△十二月，調陸軍六軍團九一兵工群監察官。

民國七十三年（一九八四）三十三歲

△十一月，仍任監察官。

△父喪。

民國七十四年（一九八五）三十四歲

△四月，長女佳青出生。
△六月，〈花蓮十日記〉（台灣日報連載）。
△八月，調金防部政三組監察官佔中校缺，專管工程、採購。（司令官宋心濂上將）
△九月，「部隊管教與管理」獲國防部第十二屆軍事著作金像獎。
△今年，翻譯愛倫坡（Edgar Allan）恐怖推理小說九篇，並在偵探雜誌連載，多年後才正式出版。

民國七十五年（一九八六）三十五歲

△元旦，在金防部監察官晉任升中校，時金防部司令官趙萬富上將。
△六月，考入政治作戰學校政治研究所第十九期三研組。（所主任孫正豐教授、校長曹思齊中將）
△八月一日，到政治作戰學校研究所報到。

民國七十六年（一九八七）三十六歲

△元月，獲忠勤勳章乙座。
△春，「蔣公憲政思想研究」獲國民黨文工會學術論文獎。
△九月，參加「中國人權協會」講習，杭立武當時任理事長。
△今年，翻譯愛倫坡小說五篇，並在偵探雜誌連載，多年後才正式出版。

民國七十七年（一九八八）三十七歲

△六月，政研所畢業，碩士論文「中國近代政治結社之研究」。到八軍團四三砲指部當情報官。

△八月，接任第八團四三砲指部六〇八營營長，營部在高雄大樹，準備到田中進基地。（司令是王文燮中將、指揮官是涂安都將軍）

民國七十八年（一九八九）三十八歲

△四月，輪調小金門接砲兵六三八營營長。（大砲營）（砲指部指揮官戴郁青將軍）

△六月四日，「天安門事件」前線情勢緊張，前後全面戰備很長一段時間。

民國七十九年（一九九〇）三十九歲

△七月一日，卸六三八營營長，接金防部砲指部第三科作戰訓練官。

△八月一日，伊拉克入侵科威特，海峽情勢又緊張，金門全面戰備。

民國八〇年（一九九一）四〇歲

△元月、二月，波灣戰爭，金門仍全面戰備。

△三月底，輪調回台南砲兵學校任戰術組教官。（指揮官周正之中將）（以後的軍職都在台灣本島，我軍旅生涯共五次外島，金門三，馬祖二。）

民國八十一年（一九九二）四十一歲

△三月，參加陸軍協同四十五號演習。
△六月，考入三軍大學陸軍指參學院。（校長葉昌桐上將、院長王繩果中將）
△七月四日，到大直三軍大學報到。

民國八十二年（一九九三）四十二歲

△六月十九日，三軍大學畢業，接任花東防衛司令部砲指部中校副指揮官，時中校十一級。（指揮官是同學路復國上校，司令官是畢丹中將）
△九月，我們相處的很好，後來我離職時，同學指揮官送我一個匾，上書「運籌帷幄，決勝千里」。可惜實際上沒有機會發揮，只能在紙上談兵，在筆下論戰，幾年後路同學升少將不久也退伍了。調原單位司令部第三處副處長。
△這年經好同學高立興的努力，本有機會調聯訓部站一個上校缺，卻因被一個姓「朝鮮半島」的同學「穿小鞋」，功敗未成，只好持續在花蓮過著如同無間地獄的苦日子。

民國八十三（一九九四）四十三歲

△二月，考取軍訓教官，在復興崗受訓。（教官班四十八期）
△四月，到台灣大學報到，任中校教官。當時一起來報到的教官尚有唐瑞和、王潤身、劉亦哲、吳曉慧共五人。總教官是韓懷豫將軍。

△四月，老三佳莉出生。她的出生是為伴我中老年的寂寞，從她出生到小三，洗澡換尿片三更半夜喝奶，全我包辦，三個孩子只有她和我親近。

△七月，母喪。

△十一月，在台大軍官團提報「一九九五閏八月的台海情勢」廣受好評。

民國八十四年（一九九五）四十四歲

△六月，「閏八月」效應全台「發燒」。

△《決戰閏八月——中共武力犯台研究》一書出版（台北：金台灣出版社）。本書出版後不久，北京《軍事文摘》（總第59期），以我軍裝照為封面人物，大標題以「台灣軍魂陳福成之謎」，在內文介紹我的背景。

△七月，開始編寫各級學校軍訓課程「國家安全」教材。

△十二月，《防衛大台灣——台海安全與三軍戰略大佈局》一書出版：（台北：金台灣出版社）

民國八十五年（一九九六）四十五歲

△元月，為撰寫軍訓課本「國家安全」，本月十一日偕台大少校教官陳梅燕拜訪戰略家鈕先鍾先生，主題就是「國家安全」。（訪問內容後來發表在「陸軍學術月刊第375、439期」

△三月，擔任政治大學民族系所講座。（應民族系系主任林修澈教授聘請）。
△《孫子實戰經驗研究》一書，獲中華文化總會學術著作總統獎，獎金五萬元。
△《國家安全》幼獅版，納入全國各級高中、職、專科、大學軍訓教學。
△四月，考上國泰人壽保險人員證。
△九月，佔台灣大學上校主任教官缺。
△榮獲全國軍訓教官論文優等首獎，《決戰閏八月》。

民國八十六年（一九九七）四十六歲

△元旦，晉升上校，任台大夜間部主任教官。
△七月，開始在復興廣播電台「雙向道」節目每週一講「國內外政情與國家安全」（鍾寧主持）。
△八月，《國家安全概論》（台灣大學自印自用，不對外發行。）
△十二月，《非常傳銷學》出版。

民國八十七年（一九九八）四十七歲

△是年，仍在復興電台「雙向道節目」。
△五月，在台大學生活動中心演講「部落主義及國家整合、國家安全之關係」。
△十月十七日，籌備召開「第一屆中華民國國防教育學術研討會」（凱悅飯店，本

會在淡江大學戰略所所長翁明賢教授指導下順利完成，工作夥伴除我之外，尚有輔仁大學楊正平、文化大學李景素、淡江大學廖德智、中央大學劉家楨、東吳大學陳全、中興法商鄭鴻儒、華梵大學谷祖盛（以上教官）、淡江大學施正權教授。）我在本會提報論文「論國家競爭優勢與國家安全」（評論人：台灣大學政治系助理教授楊永明博士），本論文為銓敘部公務人員學術論文獎，後收錄在拙著《國家安全與情治機關的弔詭》一書。

△七月，出版《國家安全與情治機關的弔詭》（台北：幼獅出版公司）。

民國八十八年（一九九九）四十八歲

△二月，從台灣大學主任教官退休，結束三十一年軍旅生涯。「化敵為我，以謀止戰」（小說三十六計釜底抽薪導讀，與實學社總編輯黃驗先生對談。）；考上南山人壽保險人員證。

△四月，應國安會虞義輝將軍之邀請，擔任國家安全會議助理研究員。（時間約一年多，每月針對兩岸關係的理論和實務等，提出一篇研究報告（論文）。

民國八十九年（二〇〇〇）四十九歲

△三月，《國家安全與戰略關係》出版（台北：時英出版社）。

△四、五、六月，任元培科學技術學院進修推廣部代主任。

△六月一日，在高雄市中山高中講「兩岸關係及未來發展——兼評新政府的國家安全構想」（高雄市軍訓室軍官團）

△十一月，與台灣大學登山會到石鹿大山賞楓。

△十二月，與台灣大學登山會到司馬庫斯神木群。

民國九〇年（二〇〇一）五十歲

△五月四到六日，偕妻及一群朋友登玉山主峰。

△六月十六、十七日，參加陸軍官校建校七十七週年校慶並到墾丁參加44期同學會。

△十月六日，與台大登山隊到睏牛山。

△十二月，《解開兩岸十大弔詭》出版（台北：黎明出版社）。

△十二月八到九日，登鎮西堡、李棟山。

△十二月二二到二三日，與台大登山隊走霞克羅古道。

民國九十一年（二〇〇二）五十一歲

△去年至今，我聽到三位軍校同學過逝，甚有感慨，我期至今才約五十歲。想到學生時代很要好的同學，畢業已數十年，怎都「老死不相往來」，我決定試試，召集住台大附近（半小時車程），竟有七人（含我）來會，解定國、高立興、陳鏡培、童榮南、袁國台、林鐵基。這個聚會一直持續下去，後來我定名「台大周邊

地區陸官44期微型同學會」（後均簡稱「44同學會」第幾次等。
△二月，《找尋一座山》現代詩集出版，台北，慧明出版社。
△二月十二到十四日，到小烏來過春節，並參訪赫威神木群。
△二月二三到二四日，與台大登山會到花蓮兆豐農場，沿途參拜大理仙公廟。
△四月七日，與山虎隊登夫婦山。
△四月十五日，在范揚松先生的公司第一次見到吳明興先生（當代兩岸重要詩人、作家），二十多年前我們曾一起在「腳印」詩刊發表詩作，未曾謀面。
△四月二十一日，與台大隊登大桐山。
△四月三十日，在台大鹿鳴堂辦第二次44同學會：我、解定國、袁國台、高立興、周念台、林鐵基、童榮南。
△五月三到五日，與台大隊登三叉山、向陽山、嘉明湖。（回來後在台大山訊發表紀行一篇）。
△六月二一到二三日，與苗栗三叉河登山隊上玉山主峰（我的第二次）。
△七月第一週，在政治大學參加「社會科學研究方法」研習營。（主任委員林碧炤）。
△七月十八到二一日，與台大登山會登雪山主峰、東峰、翠池。在「台大山訊」發表「雪山盟」長詩。

△八月二十日，與台大登山會會長張靜二教授及一行十餘人，勘察大溪打鐵寮古道、草嶺山，並到故總統經國先生靈前致敬。

△八月二九到九月一日，與山友十餘人登干卓萬山、牧山、卓社大山。（因氣候惡劣只到第一水源處紮營，三十一日晨撤退下山。）

△九月，《大陸政策與兩岸關係》出版（黎明出版社，九十一年九月）。

△九月二十四日，在台大鹿鳴堂辦第三次44同學會：我、高立興、童榮南、林鐵基、周念台、解定國、周立勇、周禮鶴。

△十月十八到二十日，隨台大登山隊登大霸尖山（大、小霸、伊澤山、加利山），在「台大山訊」發表「聖山傳奇錄」。

△十一月十六日，與台大登山隊登波露山（新店）。

民國九十二年（二〇〇三）五十二歲

△元月八日，第四次44同學會（在台大鹿鳴堂），到有：我、周禮鶴、高立興、解定國、袁國台、林鐵基、周立勇。

△元月八日，在台灣大學第一會議室演講「兩岸關係發展與變局」，併發表四本年度新書。（台大教授聯誼會主辦），除《解開兩岸十大弔詭》和《大陸政策與兩岸關係》兩書外尚有：《找尋一座山》（現代詩集，慧明出版）、《愛倫坡恐怖

小說選》。

△二月二十八日，應佛光人文社會學院董事會秘書林利國邀請，在宜蘭靈山寺向輔導義工演講「生命教育與四Q」。

△三月十五、十六日，與妻參加台大登山隊「榛山行」（在雪霸）。

△三月十八日，與曾復生博士在復興電台對談兩岸關係發展。

△三月十九日，到非政府組織（NGO）會館，參加「全球戰略新框架下的兩岸關係研討會」，由「歐洲文教基金會與黨外圓桌論壇」主辦。席間首次與前民進黨主席許信良先生閒談。晚間餐會與前立法委員朱高正先生和台大哲學系教授王曉波夫婦同桌，我和他們都是素昧平生。但兩杯酒一喝，大家就開始高談近代史事，朱委員酒量很好，可能有「千杯不醉」的境界。名片上印有「周易」文言：「夫大人者。與天地合其德。與日月合其明。與四時合其序。與鬼神合其吉凶。先天而天弗違。後天而奉天時。天且弗違。而況予人乎。況于鬼神乎。」，其境界更高。

△三月二十日，叢林一隻不長眼的「肥羊」闖進頂層掠食者的地盤，性命恐將不保；美伊大戰開打，海珊可能支持不了幾天。

△三月二十六日到三十日，隨長庚醫護人員及內弟到大陸，遊西湖、黃山。果然「上有天堂下有蘇杭」、「黃山歸來不看山」，我第一次出國竟是回國。歸程時 SARS

開始流行，全球恐慌。

△四月三日到六日，同台大登山隊登雪白山，氣候不佳，前三天下雨。第一天宿司馬庫斯，第二天晨七時起程，沿途林相原始，許多千年神木，下午六時雪白山攻頂，晚上在山下紮營，第三天八點出發，神木如林，很多一葉蘭，下午過鴛鴦湖，五點到棲蘭。第四天參觀棲蘭神木，見「孔子」等歷代偉人，歸程。

△四月十二、十三日，偕妻與台大登山隊再到司馬庫斯，謁見「大老爺」神木群等。

△四月二十一日，第五次44同學會（在台大鹿鳴堂），到者：我、袁國台、解定國、林鐵基、周立勇。

△六月十四日，同台大登山隊縱走卡保逐鹿山，全程二十公里，山高、險惡、瀑布，螞蝗多。

△六月二十八日，參加中國文藝協會舉行「彭邦楨詩選」新書發表會。彭老已在今年三月病逝紐約，會中碰到幾位前輩作家，鍾鼎文、司馬中原、辛鬱、文曉村等人，還有年青一輩的賴益成、羅明河等。

△七月，《孫子實戰經驗研究》出版（黎明出版公司），本書是八十五年學術研究得將作品，獲總統領獎；今年又獲選為「國軍連隊書箱用書」，陸、海、空三軍各級，一次印量七千本。

△七月二十二日到八月二日，偕妻同一群朋友遊東歐三國（匈牙利、奧地利、捷克）。

△十月十日到十三日，登南湖大山、審馬陣山、南湖北峰和東峰。

△十一月，在復興電台鍾寧小姐主持的「兩岸下午茶」節目，主講「兵法・戰爭與人生」（孫子、孫臏、孔明三家）。

△十二月一日，第六次44同學會（台大鹿鳴堂），到有：我、林鐵基、童榮南、解定國、周念台、盧志德、高立興、劉昌明。

民國九十三年（二〇〇四）五十三歲

△二月二十五日，第七次44同學會（台大鹿鳴堂），到有：周立勇、高立興、童榮南、鍾聖賜、林鐵基、解定國、周念台、盧志德、劉昌明和我共10人。

△春季，參加許多政治活動，號召推翻台獨不法政權，三月陳水扁自導自演「三一九槍擊作弊案」。

△三月，《大陸政策與兩岸關係》出版，黎明出版社。

△五月二十八日，大哥張冬隆發生車禍，二週後的六月四日過逝。

△五月，《五十不惑》（前傳）出版，時英出版社。

△六月，第八次44同學會（台大鹿鳴堂），到有：我、周立勇、童榮南、林鐵基、解定國、袁國台、鍾聖賜、高立興。

△八月十一到十四日，參加佛光山第十二期全國教師生命教育研習營。

△十月十九日，第九次44同學會（台大鹿鳴堂），到有：我、童榮南、周立勇、高應興、解定國、盧志德、周小強、鍾聖賜、林鐵基。

△今年在空大講「政府與企業」，並受邀參與復興電台「兩岸下午茶」節目。

△今年完成龍騰出版公司《國防通識》（高中課本）計畫案合作伙伴有李文師（政大教官退）、李景素（文化教官退）、項台民（彰化高中退）、陳國慶（台大教官）。計有高中二年四冊及教師用書四冊，共八冊課本。

△十二月，《軍事研究概論》出版（全華科技），合著者九人：洪松輝、許競任、秦昱華、陳福成、陳慶霖、廖天威、廖德智、劉鐵軍、羅慶生，都是對國防軍事素有專精研究之學者。

民國九十四年（二〇〇五）五十四歲

△二月十七日，第十次44同學會（台大鹿鳴堂），到有：我、陳鏡培、鍾聖賜、金克強、解定國、林鐵基、高立興、袁國台、周小強、周念台、盧志德、劉昌明，共12人。

△六月十六日，第十一次44同學會（台大鹿鳴堂），到有：我、盧志德、周立勇、解定國、陳鏡培、童榮南、金克強、鍾聖賜、劉昌明、林鐵基、袁國台。

△八月，計畫中的《中國春秋》雜誌開始邀稿，除自己稿件外，有楊小川、路復國、廖德智、王國治、一飛、方飛白、郝艷蓮等多人。

△十月，創刊號《中國春秋》雜誌發行，第四期後改《華夏春秋》，實務行政全由鄭聯臺、鄭聯貞、陳淑雲、陳金蘭負責，妹妹鳳嬌當領導，我負責邀稿，每期印一千五百本，大陸寄出五百本。

△持續在台灣大學聯合辦公室當志工。

△今年仍在龍騰出版公司主編《國防通識》；上復興電台「兩岸關係」節目。

民國九十五年（二〇〇六）五十五歲

△元月《中國春秋》雜誌第二期發行，作者群有周興春、廖德智、李景素、王國治、路復國、一飛、范揚松、蔣湘蘭、楊小川等。

△二月十七日，第十二次44同學會（台大鹿鳴堂），到有：劉昌明、高立興、陳鏡培、盧志德、林鐵基、金克強和我共7人。

△四月，《中國春秋》雜誌第四期發行。

△六月，第十三次44同學會（台大鹿鳴堂），到有：我、周小強、解定國、高立興、袁國台、林鐵基、劉昌明、盧志德。

△七月到九月，由時英出版社出版中國學四部曲，四本約百萬字：《中國歷代戰爭

新詮》、《中國近代黨派發展研究新詮》、《中國政治思想新詮》、《中國四大兵法家新詮》。

△七月十二到十六日，參加佛光山第十六期全國教師生命教育研習營。

△七月，原《中國春秋》改名《華夏春秋》，照常發行。

△九月，《春秋記實》現代詩集出版，時英出版社。

△十月，第五期《華夏春秋》發行。

△十月二十六日，第十四次44同學會（台大鹿鳴堂），到有：我、金克強、周立勇、解立國、林鐵基、袁國台、高立興。

△十一月，當選中華民國新詩學會第二屆理事，任期到九十九年十一月十一日。

△《華夏春秋》第六期發行後，無限期停刊。

△高中用《國防通識》（學生課本四冊、教師用書四冊）逐一完成，可惜龍騰出版公司後來的行銷欠佳。

民國九十六年（二〇〇七）五十六歲

△元月三十一日，第十五次44同學會（中和天香回味鍋），到有：我、解定國、盧志德、高立興、林鐵基、周小強、金克強、劉昌明。

△二月，《國家安全論壇》出版，時英出版社。

△二月一日，到國防部資電作戰指揮部演講，主題「兩岸關係與未來發展：兼論台灣最後安全戰略的探索」。
△二月，《性情世界：陳福成情詩集》出版，時英出版社。
△三月十日，在「秋水詩屋」，與涂靜怡、莫云、琹川、颪信子四位當代大詩人研究，幫我取筆名「古晟」。以後我常用這個筆名，有一本詩集就叫《古晟的誕生》。
△五月，當選中國文藝協會第三十屆理事，任期到一百年五月四日。
△五月十三日，母親節，與妻晚上聽鳳飛飛的演唱會，可惜二〇一二年初病逝，我為她寫一首詩「相約二十二世紀，鳳姐」。
△六月六日，第十六次44同學會（台大鹿鳴堂），到有：我、解定國、高立興、盧志德、周小強、金克強、林鐵基。
△六月十九日，榮獲中華民國新詩學會「詩運獎」，在文協九樓頒獎，由文壇大老鍾鼎文先生頒獎給我。
△十月，小說《迷情・奇謀・輪迴：被詛咒的島嶼》（第一集）出版，文史哲出版社。
△十月十六日，第十七次44同學會（台大鹿鳴堂），到有：我、周立勇、解定國、張安麟、林鐵基、盧志德。
△十月三十一日到十一月四日，參加由文協理事長綠蒂領軍，應北京中國文聯邀訪，

一行人有綠蒂、林靜助、廖俊穆、蘇憲法、李健儀、簡源忠、郭明福、廖繼英、許敏雄和我共10人。

△十一月七日，同范揚松、吳明興三人到慈濟醫院看老詩人文曉村先生。

△十二月中旬，大陸「中國文藝藝術聯合會」一行到文協訪問，綠蒂全程陪同，十六日由我陪同參觀故宮，按其名冊有白淑湘、李仕良等14人。

△十二月十九日，到台中拜訪詩人秦嶽，午餐時他聊到「海鷗」飛不起來了。

△十二月二十二日上午，在國父紀念館參加由星雲大師主持的皈依大典，成為大師座下臨濟宗第四十九代弟子，法名本肇。一起皈依的有吳元俊、吳信義、關麗蘇四兄姊弟，這是一個好因緣。

△十二月二十七日，《青溪論壇》成立，林靜助任理事長，我副之，雪飛任社長。

△十二月，有三本書由文史哲出版社出版：《頓悟學習》、《公主與王子的夢幻》、《春秋正義》。

民國九十七年（二〇〇八）五十七歲

△元月五日（星期六），第一次在醉紅小酌參加「三月詩會」，到民國一〇三年底退出。

△元月二十四到二十八日，與妻參加再興學校舉辦的海南省旅遊。

△二月十三日，到新店拜訪天帝教，做《天帝教研究》的準備。
△二月十九日，第十八次44同學會（新店富順樓），到有：我、高立興、解定國、林鐵基、盧志德、金克強、周小強。
△三月二日，參加「全國文化教育界新春聯歡會」，馬英九先生來祝賀，前台大校長孫震、陳維昭等數百人，文壇司馬中原、綠蒂、鍾鼎文均到場，盛況空前。這是大選的前奏曲。
△三月十二日，參加中國文藝協會理監事聯席會議。
△三月，《新領導與管理實務》出版，時英出版社。
△五月十三日下午二時，四川汶川大地震，電話問成都的雁翼，他說還好。
△六月十日，第十九次44同學會（在山東餃子館），到有：我、童榮南、高立興、解定國、袁國台、盧志德、金克強、張安祺。
△六月二十二日，參加青溪論壇社舉辦的「推展華人文化交流及落實做法」，我提報論文「閩台民間信仰文化所體現的中國政治思想初探」，其他重要提文報告人有林靜助、封德屏、陳信元、潘皓、台客、林芙容、王幻、周志剛、一信、徐天榮、漁夫、落蒂、雪飛、彭正雄。
△七月十八日，與林靜助等一行，到台南參加作家交流，拜訪本土詩人林宗源。

△七月二十三日到二十九日，參加佛光山短期出家。

△八月十五日到二一日，參加青溪新文藝學會理事長林靜助主辦「江西三清山龍虎山之旅」，並到九江參加文學交流會。同行者有我、林靜助、林精一、蔡雪娥、彭正雄、金筑、台客、林宗源、邱琳生，鍾順文、賴世南、羅玉葉、羅清標、吳元俊、蔡麗華、林智誠、共16人。

△十月十五日，第二十次44同學會（台大鹿鳴堂），到有：我、陳鏡培、解定國、盧志德、同小強、童榮南、袁國台、林鐵基、黃富陽。

△十一月三十日，參加「湯山聯誼會」，遇老師長陳廷寵將軍。

△今年有兩本書由文史哲出版社出版：《幻夢花開一江山》（傳統詩）、《一個軍校生的台大閒情》。

△整理這輩子所寫的作品手稿約一人高，贈台大圖書館典藏。

民國九十八年（二〇〇九）五十八歲

△二月十日，第二一次44同學會（台大鹿鳴堂），到有：我、袁國台、解定國、高立興、童榮南、盧志德、黃富陽。

△六月，小說《迷情・奇謀・輪迴：進出三界大滅絕》（第二集）出版，文史哲出版社。

△六月上旬，第二二次44同學會（台大鹿鳴堂），到有：我、林鐵基、童榮南、袁國台、高立興、解定國、金克強、盧志德。

△六月十七、十八日，參加台大「退聯會」阿里山兩日遊。

△十月，小說《迷情・奇謀・輪迴：我的中陰身經歷記》（第三集）出版，文史哲出版社。

△十月六日，第二三次44同學會（公館越南餐），到有：盧志德、解定國、林鐵基、金克強、周小強和我。

△十一月六到十三日八天，參加重慶西南大學主辦「第三屆華文詩學名家國際論壇」，後四天到成都（第一次回故鄉）。此行我提報一篇論文「中國新詩的精神重建」（約兩萬多字），同行者另有雪飛、林芙蓉、李再儀、台客、鍾順文、林于弘、林精一、吳元俊、林靜助。

△十一月二十八日，到國軍英雄館參加「湯山聯誼會」，老將郝伯村批判李傑失了軍人氣節。

△十二月，《赤縣行腳・神州心旅》（詩集）出版，秀威出版公司。

△今年有三本書由文史哲出版社出版：《愛倫坡恐怖推理小說》、《春秋詩選》、《神劍與屠刀》。

民國九十九年（二〇一〇）五十九歲

△元月二十三日，由藝文論壇社和紫丁香詩刊聯合舉辦，「陳福成小說《迷情・奇謀・輪迴》評論會」，在台北老田西餐廳舉行。提評論文有金劍、雪飛、許其正、狼跋、謝輝煌、胡其德、易水寒等七家，與會有文藝界數十人。會後好友詩人方飛白也提出一篇。

△三月一日，第二四次44同學會（台大鹿鳴堂），到有：我、周小強夫婦、解定國、袁國台、林鐵基、盧志德、曹茂林、金克強、黃富陽、童榮南共11人。

△三月三十一日，「藝文論壇」和「創世紀」詩人群聯誼，中午在國軍英雄館牡丹廳餐敘。創世紀有張默、辛牧、落蒂、丁文智、方明、管管、徐瑞、古月，八人與會；藝文論壇有林靜助、雪飛、林精一、彭正雄、鄭雅文、徐小翠和我共7人參加。

△四月二一到二二日，台大溪頭、集集兩日遊，「台大退聯會」主辦。

△六月，《八方風雨・性情世界》出版，秀威出版社。

△六月八日，第二五次44同學會（台大鹿鳴堂），到有：我、金克強、郭龍春、解定國、高立興、童榮南、袁國台、林鐵基、盧志德、周小強、曹茂林，共11人。

△八月十七到二十日，參加佛光山「全國教師佛學夏令營」，同行有吳信義師兄等

多人。

△十月五日，第二六次44同學會（今起升格在台大水源福利會館），到有：曹茂林、解定國、童榮南、林鐵基、盧志德、周小強和我共7人。

△十月二六日到十一月三日，約吳信義、吳元俊兩位師兄，到山西芮城拜訪尚未謀面的劉焦智先生，我們因看「鳳梅人」報結緣。

△十一月，《男人和女人的情話真話》（小品）出版，秀威出版社。

△今年有四本書由文史哲出版社出版：《洄游的鮭魚》、《古道・秋風・瘦筆》、《山西芮城劉焦智鳳梅人報研究》、《三月詩會研究》。

民國一〇〇年（二〇一一）六十歲

△元月，小說《迷情・奇謀・輪迴》合訂本出版，文史哲出版社。

△元月二日，當選中華民國新詩學會第十三屆理事、任期到一〇四年一月一日。

△元月十日，第二七次44同學會（台大水源福利會館），到有：我、黃富陽、高立興、林鐵基、周小強、解定國、童榮南、曹茂林、盧志德、郭龍春共10人。

△二月，《找尋理想國》出版，文史哲出版社。

△二月十九日，在天成飯店參加「中國全民民主統一會」會員代表大會，吳信義、吳元俊兩位師兄也到，會場由王化榛會長主持。會中遇到上官百成先生，會後我

寫一篇文章「遇見上官百成：想起上官志標和楊惠敏」，刊載《新文壇》雜誌（26期，一〇一年元月）。

△三月二二日，上午參加「台大退聯會」理監事聯席會議。

△三月二五日，晚上在台大校總區綜合體育館開「台大逸仙學會」，林奕華也來了，認識她很久了，每回碰到她都很高興。

△四月，《我所知道的孫大公》（黃埔28期）出版，文史哲出版社。

△四月，《在鳳梅人小橋上：中國山西芮城三人行》出版，文史哲出版社。

△五月五日，參加緣蒂在老爺酒店主的「中國文藝協會三十一屆理監事會」，同時當選理事，任期到一〇四年五月五日。與會者如以下這份「原始文件」：

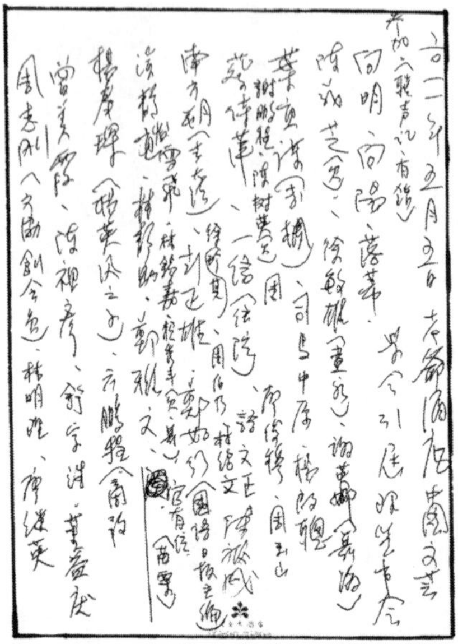

△五月，《漸凍勇士陳宏傳》出版，文史哲出版社。
△六月，《大浩劫後》出版，文史哲出版社。
△六月三日，第二八次44同學會（台大水源福利會館），到有：我、郭龍春、解定國、高立興、童榮南、林鐵基、盧志德、周小強、黃富陽、曹茂林、桑鴻文共11人。
△六月十一日，到師大參加「黃錦鋐教授九秩嵩壽華誕聯誼茶會」，黃伯伯就住我家樓上，他已躺了十多年，師大仍為他祝壽，真很感人。
△七月，《台北公館地區開發史》出版，唐山出版社。
△七月七到八日，與妻參加台大退聯會的梅峰、清境兩日遊。
△七月，《第四波戰爭開山鼻視賓拉登》出版，文史哲出版社。
△八月，《台大逸仙學會》出版，文史哲出版社。
△八月十七到二十日，參加佛光山「全國教師佛學夏令營，主題「增上心」。
△九月九日到二十日，台客、吳信義夫婦、吳元俊、江奎章和我共六人，組成「山西芮城六人行」，前兩天先參訪鄭州大學。
△十月十二日，第二九次44同學會（台大水源福利會館），到有：我、黃國彥、解定國、高立興、童榮南、袁國台、林鐵基、周小強、金克強、黃富陽、郭龍春、桑鴻文、盧志德、曹茂林，共14人。
△十月十四日，邀集十位佛光人中午在台大水源會館雅聚，這十人是范鴻英、刑筱

容、陸金竹、吳元俊、吳信義、江奎章、郭雪美、陳雪霞、關麗蘇。

△十一月十日，台大社團晚會表演，在台大小巨蛋（新體育館），由我吉他彈奏，吳普炎、吳信義、吳元俊、周羅通和關麗蘇合唱三首歌，「淚的小花」、「茉莉花」、「河邊春夢」。

民國一〇一年（二〇一二）六十一歲

△元月四日，第三十次44同學會（台大水源福利會館），到有：我、桑鴻文、高立興、林鐵基、解定國、童榮南、袁國台、盧志德、金克強、曹茂林、郭龍春、陳方烈。

△元月十四日，大選・藍營以689萬票對綠營609萬票，贏得有些辛苦。基本上「九二共識」、「一中各表」已是台灣共識。

△《中國神譜》出版（文史哲出版社，二〇一二年元月）。

△二月，寫一張「保證書」給好朋友彭正雄先生，把我這輩子所有著作全送給他，由他以任何形式、文字，在任何地方出版發行。這是我對好朋友的回報方式。

△二月，開始規畫、整理出版《陳福成文存彙編》，預計全套八十本（總字數近千萬），由彭正雄所經營的文史哲出版社出版。

△二月十九日中午，葡萄園詩刊同仁在國軍英雄館餐聚，到會有林靜助、曾美玲、

杜紫楓、李再儀、台客、賴益成、金筑和我八人。大家商討今年七月十五日是葡萄園的五十大壽，準備好好慶祝。

△三月二十二日，倪麟生事業有成宴請同學《公館自來水博物館內》，到有：我、倪麟生、解定國、高立興、盧志德、曹茂林、郭龍春、童榮南、桑鴻文、李台新，共十人。

△《金秋六人行：鄭州山西之旅》出版（文史哲出版社，二〇一二年三月）。

△《從皈依到短期出家》（唐山出版社，二〇一二年四月）。

△《中國當代平民詩人王學忠》出版（文史哲出版社，二〇一二年四月）。

△《三月詩會二十年紀念別集》（文史哲出版社，二〇一二年六月）。

△五月十五日，第三一次44同學會（台大水源福利會館），到有：我、陳方烈、桑鴻文、解定國、高立興、童榮南、林鐵基、盧志德、周小強、金克強、曹茂林、李台新、倪麟生，共十三人。

△九月有三本書出版：《政治學方法論概說》、《西洋政治思想史概述》、《最自在的是彩霞》，文史哲出版社。

△十月二十二日，第三二次44同學會（台大水源福利會館），到有：我、解定國、高立興、童榮南、林鐵基、盧志德、李台新、桑鴻文、郭龍春、倪麟生、曹茂林、

周小強，共十二人。

△《台中開發史：兼龍井陳家移台略考》出版，文史哲出版，二〇一二年十一月。

△十二月到明年元月，大愛電視台記者紀儀羚、吳怡旻、導演王永慶和另三位攝影師，一行六人，來拍「陳福成講公館文史」專集節目，在大愛台連播兩次。

民國一〇二年（二〇一三）六十二歲

△元月十一日，參加「台大秘書室志工講習」，並為志工講「台大・公館文史古蹟」（上午一小時課堂講解，下午三小時現場導覽）。

△元月十五日，「台大退休人員聯誼會」理監事在校本部第二會議室開會，並選舉第九屆理事長，我意外當選理事長，二二日完成交接，任期兩年。

△元月十七日，第三三次44同學會（台大水源福利會館），到有：我、倪麟生、林鐵基、桑鴻文、解定國、高立興、盧志德、周小強、曹茂林、郭龍春、陳方烈、余嘉生、童榮南，共十三人。

△二月，《嚴謹與浪漫之間：詩俠范揚松》出版，文史哲出版社。

△三月，當選「中國全民民主統一會」執行委員，任期到一〇三年三月二十八日。（會長王化榛）。

△三月，《讀詩稗記：蟾蜍山萬盛草齋文存》出版，文史哲出版社。

△五月，《與君賞玩天地寬：陳福成作品評論和迴響》、《古晟的誕生：陳福成60詩選》、《迷航記：黃埔情暨陸官44期一些閒話》三書出版，由文史哲出版社出版發行。

△五月十三日，第三四次44同學會（台大水源福利會館），到有：我、李台新、解定國、高立興、林鐵基、童榮南、盧志德、金克強、曹茂林、虞義輝、郭龍春、桑鴻文、陳方烈、倪麟生、余嘉生、共十五人。

△七月，《孫大公的思想主張書函手稿》、《日本問題終極處理》、《一信詩學研究》三書出版，均文史哲出版社。

△七月四日，鄭雅文、林錫嘉、彭正雄、曾美霞、落蒂和我共六個作家詩人，在「豆豆龍」餐廳開第一次籌備會，計畫辦詩刊雜誌，今天粗略交換意見，決定第二次籌備會提出草案。

△八月十三到十六日，參加佛光山「教師佛學夏令營」，同行尚有吳信義、關麗蘇。

△八月三十一日，為詩人朋友導覽公館古蹟，參加者有范揚松、藍清水夫婦、陳在和、吳明興、胡其德、吳家業、許文靜、鍾春蘭、封枚齡、傅明其。

△九月七日，上午在文協舉行《一信詩學研究》新書發表會及討論，由綠蒂主持。

△九月十日，假校總區第二會議室，主持「台大退休人員聯誼會」第九屆第四次理

監事聯席會議，會中由會員組組長陳志恆演講，題目「戲緣——京劇與我」。

△九月二七日，參加「台大文康會各分會負責人座談會暨85週年校慶籌備會議」，地點在台大巨蛋，由文康會主委江簡富教授（電機系）主持，各分會負責人數十人到場。

△十月七日，第三五次44同學會（改在北京樓），到有：我、余嘉生、解定國、虞義輝、童榮南、盧志德、郭龍春、桑鴻文、李台新、陳方烈、袁國台，共十一人。

△十月十二日，在天成飯店（火車站旁），參加「中國全民民主統一會」第七屆第二次執監委聯席會。討論會務發展及明春北京參訪事宜。

△十月十九日，由台大三個社團組織（教授聯誼會會長游若篍教授、職工聯誼會秘書楊華洲、退聯會理事長我本人）聯合舉辦「未婚聯誼」，在台大巨蛋熱鬧一天，到場有第二代子女近四十人參加。

△十一月九日，重慶西南大學文學系教授向天淵博士來台交流講學，中國詩歌藝術學會理事長林靜助先生，在錦華飯店繳請「兩岸比較文學論壇」，我和向教授在兩年前有一面之緣。

△十一月十二日，假校總區第二會議室，主持「台大退聯會」第十屆第五次理監事聯席會議。陳定中將軍蒞臨演講，題目「原子彈與曼哈頓計劃的秘密」，另討論十二月三日會員大會事宜。

△十一月十三日，小路（路復國同學）來台北開會，中午我和老袁（袁國台）與他相見，老袁請吃牛肉麵，我在「新光」高層請喝咖啡賞景。

△十一月二十四日，台大退聯會、教聯會和職工會合辦「兩性聯誼」活動，第三場在文山農場，場面熱鬧。

△十一月二十八日，晚上，台大校慶文康晚會在台大巨蛋舉行，退聯會臨時組合唱團由我吉他伴奏參加，也大受歡迎。

△十二月三日上午，台大退聯會在第一會議室舉行年度大會，近兩百教職員工參加，主秘林達德教授代表校長致詞，歷屆理事長（宣家驊將軍、方祖達教授、楊建澤教授、丁一倪教授）均參加，我自今年元月擔任理事長以來，各方反應似乎還算滿意。

△十二月十日，約黃昏時，岳父潘翔臯先生逝世，高壽九十四歲，福壽雙全，除老人退化病外，無任何重症，睡眠中無痛而去，真是福報。他們兒女決定簡約辦理，十七號舉行告別式。

△十二月十八日，中午，參加在「喜萊登」由鄭雅文小姐主持成立的「華文現代詩刊」，到會有主持鄭雅文、筆者及麥穗、莫渝、林錫嘉、范揚松帶秘書曾詩文、曾美霞、龔華、劉正偉、雪飛等。

△十二月二十二日，在「儷宴會館」（林森北路），參加44期北區同學會，改選理監事及會長，虞義輝當選會長，我當選監事。

△十二月三十日，這幾年，每年年終跨年，一群詩人、作家都在范揚松的大人物公司跨年，今年也是，這次有：范揚松、胡爾泰、方飛白、許文靜、傅明琪、劉坤靈、吳家業、梁錦鵬、吳明興、陳在和及筆者。

民國一〇三年（二〇一四）六十三歲

△元月五日，與妻隨台大登山會走樟山寺，到樟山寺後再單獨走到杏花林，中午在「龍門客棧」午餐，慶祝結婚第34年。

△元月九日，爆發「梁又平事件」（詳見《梁又平事件後：佛法對治風暴的沈思與學習》乙書）。

△元月十一日，在天成飯店參加「中國全民民主統一會」執監委員會，由會長王化榛主持，並確定三月北京行名單。

△元月十二日，與妻隨台大登山會走劍潭山，沿途風景優美。

△元月二十四日，參加台大志工講習會，會後參觀台大植博館。

△元月、二月，有三本書由文史哲出版，《把腳印典藏在雲端》、《台北的前世今生》、《奴婢妾匪到革命家之路：謝雪紅》。

△春節，那裡也沒去，每天照常在新店溪畔散步、寫作、讀書。

△二月九日，參加「台大登山會」新春開登，目的地是新莊牡丹心環山步道」，在泰山、林口接壤的牡丹山系，全天都下著不小的雨，考驗能耐。我和信義、俊歌兩位師兄，都走完全程，各領一百元紅包。

△二月十八日，中午與食科所游若簌教授共同主持兩個會，教授聯誼會邀請台北市教育局長林奕華演講，及「千歲宴」第二次籌備會。到會另有職工會秘書華洲兄、陳梅燕等十多人。

△二月廿一、廿二日，長青四家夫妻八人（虞、張、劉、我及內人們），在張哲豪的基隆「公館」度假，並討論四月花蓮行，決議四月十四、十五、十六共三天到花蓮玩。

△三月三日，中國文藝協會以掛號專函通知，榮獲第五十五屆中國文藝獎章文學創作獎，將於五月四日參加全國文藝節大會，接受頒獎表揚。

△三月八日，晚上在三軍軍官俱樂部文華廳，參加由中國文藝協會理事長王吉隆先生所主持的理監事聯席會，有理監事周玉山、蘭觀生、曾美霞、徐菊珍等十多人參加。

△三月十日，由台大教聯會主辦，退聯會和職工會協辦，邀請台北市教育局長林奕

華演講，主題關於十二年國教問題，中午十二時到下午一點三十圓滿完成（在台大第一會議室）。

△三月十六日，三月是台大的「杜鵑花節」，每年三月的假日，我們擔任台大秘書室的志工們，都輪值校門口「坐台」（服務台），招呼人山人海的參訪來賓。今天上午九時到下午一時我值班，下班立即前往第一殯儀館「鼎峰會館」，向陳宏大哥上香致敬，並以《漸凍勇士陳宏傳：他和劉學慧的傳奇故事》一書代香花素果，獻於陳大哥靈前。此因十八號他的追思會我在台大有兩個重要會議要開，向學慧師姊說了先來拈香，我也因寫了陳宏的回憶錄，和他有心靈感應，他也給我的人生有重大啟示，故向陳宏大哥獻書，願他一路好走，在西方極樂世界修行，別再重回六道，受人間諸苦。

△三月十八日，上午主持今年第一次「台大退休人員聯誼會」理監事會，並邀請吳信義學長會後演講，到有全體理監事各組長二十多人。下午參加校長楊泮池主持的「退休人員茶會」，按往例我參與茶會並在會中報告退聯會活動，陳志恆小姐隨同我參加，在現場「招兵買馬」，成效甚佳。

△三月二十日，上午到二殯參加海軍少將馬振崑將軍公祭（現役五十七歲），我以台大退聯會理事長身份主祭，信義和俊歌兩位師兄與祭。現場有高華柱、嚴明、葉昌桐等高級將領，至少有五十顆星星以上。

下午，到翔順旅行社（松江路）參加北京行會議，下週二共二十人參加這次訪問。

△三月二十一日，中餐，在「台大巨蛋」文康交誼廳，參加由台大文康委員會主委

江簡富教授（電機系）所主持，「一〇三年文康會預算會議」，到有台大教職員各社團負責人近三十人。

△三月廿五到三十日，應中國全民民主統一會會長王化棒先生及信義、俊歌兩位師兄之邀請，以特約記者的身份參加全統會北京、天津參訪團，全團二十人。我們拜會天津、北京的中國和平統一促進會、黃埔軍校同學會等。（詳見我所著《中國全民民主統一會北京天津行：兼略論全統會的過去現在和未來發展》，文史哲出版）

△四月十四、十五、十六，近半年來我積極推動的「長青家族花蓮行」，終於成真，內心感到安慰極了。回想五年多來，長青家族的聚會竟如同打烊，太氣人了。這件事能促成，比我在花蓮擁有一甲地更值得。這心聲在三天旅遊中我沒說出來，今只在此說給大家聽，義輝、阿妙、阿張、金燕、劉建、Linda 和我妻，「以心傳心」傳給你們聽！

△五月二日，由中國文藝協會主辦，行政院文建會贊助指導，第五十五屆文藝獎章得獎人，今天在部份平面媒體公告，下列是聯合報資料。後天就是「五四文藝節」，將在三軍軍官俱樂部盛大慶祝並頒獎。據聞，副總統吳敦義將親自主持。

聯合報.103.5.2.

〈聯副文訊〉二則

中國文藝獎章名單揭曉

由中國文藝協會主辦的中國文藝獎章，本年度榮譽文藝獎章得主為：廖玉蕙（文學類）、崔小萍（影視類）、陳陽春（美術類）、張炳煌（書法類）。

第五十五屆文藝獎章獲獎人為：王盛弘（散文）、鯨向海（新詩）、田運良（詩歌評論）、梁欣榮（文學翻譯）、陳福成（專欄）、洪能仕（書法）、吳德和（雕塑）、張璐瑜（水彩）、劉家正（美術工藝）、林再生（攝影）、戴心怡（國劇表演）、李華峻（客家戲表演）、梁月嫚（戲曲推廣）、孫麗桃（民俗曲藝）、魏大為（音樂工作）、孫翠玲（舞蹈教學）、曾美霞、鄭雅文、鄔迅（文藝工作獎）楊寶華（文創及文化交流）、劉詠平（海外文藝工作獎）。（丹墀）

△五月四日，下午到晚上，參加全國文藝節及文藝獎章頒獎典禮，直到晚上的文藝晚會都在三軍軍官俱樂部。往年都是總統馬英九主持，今年他可能因母喪，改由副總統吳敦義主持。

△五月初的某晚，關雲的女兒打電話給我，媽媽走了！我很震驚，她是中國文藝協會會員、三月詩會詩友，六十五歲突然生病很快走了！怎不叫人感慨！

△五月二十日，籌備半年多的「台大退聯會千歲宴」，終於快到了，今天是退聯會上班日，大家做最後準備。中午到食科所午餐，三個分會（退聯會、教聯會、職工會），再開宴前會，確認全部參加名單和過程。

△五月廿二日，上午九點到下午兩點，千歲宴正式成功辦完，校長楊泮池教授也親臨致詞，和大家看表演、合照。今天到有八十歲以上長者近四十人，宣家驊將軍、方祖達教授等都到了。

△六月二日，今天端午節，中午在中華路典漾餐廳，由全統會會員（會長王化榛、秘書長吳信義、會員吳元俊，我等十多人），宴請天津來訪朋友，有些我們三月去天津已見過，他們到有：王平、劉正風、李偉宏、蔣金龍、錢鋼、商駿、吳曉琴、李衛新、賈群、陳朋，共十人。

△到六月止，近十個月來，完成出版的書有：《把腳印典藏在雲端：三月詩會詩人手稿詩》、《台北公館台大地區考古．導覽》、《我的革命檔案》、《中國全民民主統一會北京行》、《六十後詩雜記現代詩集》、《胡爾泰現代詩研究》、《從魯迅文學醫人魂救國魂說起》；另外，《臺大退聯會會務通訊》也正式出版，第

一版先給理監事會看，年底會員大會再印贈會員。

△六月十一日，《臺大會訊》報導「千歲宴」盛況如下：

退休人員、職工及教師聯誼分會舉辦千歲宴活動

爲關懷退休人員較年長者平常較少於校園活動，文康會退休人員、職工及教師三個聯誼分會5月24日假綜合體育館文康室舉辦80歲以上「千歲宴」活動。出席名單包括：教務處課務組主任郭輔義先生、軍訓室總教官宣家驊、軍訓室教官鍾鼎文、軍訓室教官鄭義峰、總務處保管組股長林 參、總務處蕭添壽先生、總務處翁仙啓先生、圖書館組員柯環月女士、圖書館閱覽組股長王鴻龍、文學院人類系組員周崇德、理學院動物系教授李學勇、法學院王忠先生、法學院工王本源先生、醫學院組員洪林寶祝、醫學院組員連興潮、工學院電機系教授楊維禎、農學院生工系教授徐玉標、農學院園藝系教授方祖達、農學院技正路統信、農學院園藝系教授康有德、附設醫院護士曾廖日妹、農業陳列館主任劉天賜、圖書館組員紀張素瑩、附設醫院組員宋麗音、理學院海洋所技正鄭展堂、理學院化學系技士林添丁、附設醫院組員葉秀琴、附設醫院技佐王瓊瑛、附設醫院技士劉人宏、農學院農化系教授楊建澤、農學院農經系教授許文富、園藝系教授洪 立、農學院森林系教授汪 淮、軍訓室教官茹道泰、電機系技正郡依俤。

《臺大校訊》·二〇一四年六月十一日·第四版·

△六月十三日，上午率活動組長關麗蘇、會員組長陳志恆、文康組長許秀錦，拜會位於新店的天帝教總會，他們有劉曉蘋、李雪允、郝寶驥、陳啟豐、陳己人等多位接待我們。議決九月十七日，台大退聯會組團（40人）參訪天帝教的天極行宮（在台中清水）。會後，中午在總會吃齋飯。

△六月十七日，主持台大退聯會理監事會，我主要報告《會務通訊》出版事宜，經

費籌劃等。

△六到七月，我的《華夏春秋》雜誌打烊後，曾有大陸朋友要在大陸復刊，江蘇的高保國搞一期又打烊了。最近遼寧的金土先生復刊成功，希望他能長長久久辦下去。以下是創刊號的封面和內首頁。

本刊社長陳福成2009年於西南大學留影。

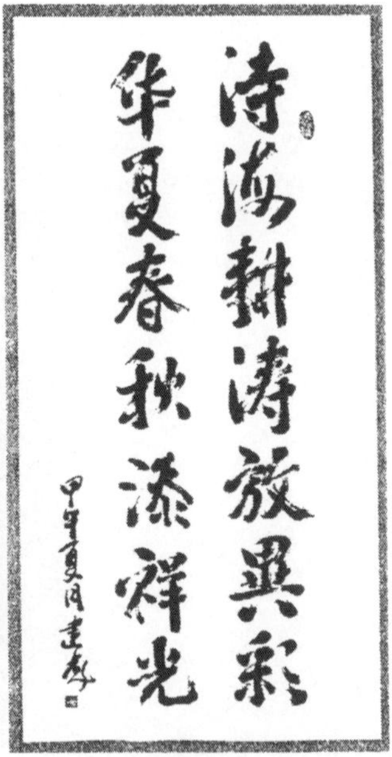

葫蘆島市環保局局長、本刊顧問羅建彪題。

△到八月止：在文史哲出版社完成出版的著作，七、八月有：《留住末代書寫的身影》、《我這輩子幹了什麼好事》、《「外公」和「外婆」的詩》、《中國全民民主統一會北京天津行》。

△八月一到五日，參加「二〇一四佛光山佛學夏令營」，今年主題是「戒定慧」。同行的好友尚有：吳信義、吳元俊、關麗蘇、彭正雄。

△八月二十六日，主持「台大退休人員回娘家」聯歡餐會，在「台大巨蛋」文康室熱鬧一天，近百會員參加。

△九月二日，主持「台大退聯會」第九屆第七次理監事會，我在會中發表〈不連任、不提名聲明書〉，但全體理監事堅持要我接受提名連任，只好從善如流，接受承擔。

△九月十六日，下午參加由校長楊泮池教授主持的「退休人員茶會」，我的任務是報告「台大退聯會」概況並積極「招兵買馬」。

△九月十七日，率台大退休人員一行40人，到台中清水參訪「天帝教天極行宮」。

△九月到十月間，退聯會、聯合服務中心，工作和值班都照常，多的時間寫作、運動，日子好過，天下已不可為，就別想太多了。

△十一月四日，主持「台大退聯會」第九屆第八次理監事會，也是為下月二日年度

會員大會的籌備會，圓滿完成。

十二月二日，主持「台灣大學退休人員聯誼會」第九屆2014會員大會，所提名十五位理事、五位監事全數投票通過，成為下屆理監事。

△十二月十三日，下午參加《陸官44期同學理監事會》，會後趕回台大參加社團幹部座談、餐會。

△十二月十四日，三軍軍官俱樂部參加「中華民國新詩學會」理監事會。

△台大秘書室志工午餐（在鹿鳴堂），到有：叢曼如、孫茂鈴、郭麗英、朱堂生、吳元俊、吳信義、孫洪法、鄭美娟、簡碧惠、王淑孟、楊長基、宋德才、陳蓓蒂、許詠婕、郭正鴻、陳美玉、王來伴、蘇克特、許文俊、林玟妤來賓和筆者共21人。

△關於民一〇二、一〇三年重要工作行誼記錄，另詳見《台灣大學退休人員聯誼會第九任理事長記實》一書，文史哲出版。

民國一〇四年（二〇一五）六十四歲

△元月六日，主持「台大退休人員聯誼會」第十屆理監事，在校本部第二會議室開會投票，我連任第十屆理事長。

△關於民一〇四、一〇五年重要工作行誼記錄，詳見《台灣大學退休人員聯誼會第十任理事長記實暨2015 2016事件簿》（計畫出版）為準。